Stundenblätter
Der Absolutismus

Gerhart Maier/Hans Georg Müller

Stundenblätter
Der Absolutismus

Staat, Gesellschaft, Wirtschaft

Sekundarstufe I

22 Seiten Beilage

Ernst Klett Stuttgart

Die Stundenblätter Geschichte / Gemeinschaftskunde
werden herausgegeben von:
Prof. Gerhart Maier und Dr. phil. Hans Georg Müller

CIP-Kurztitelaufnahme der Deutschen Bibliothek

Maier, Gerhart:
Stundenblätter Der Absolutismus : Staat, Gesellschaft, Wirtschaft ;
Sekundarstufe I / Gerhart Maier ; Hans Georg Müller. –
3., korrigierte Aufl. – Stuttgart : Klett, 1981.
  (Stundenblätter Geschichte, Gemeinschaftskunde)
  ISBN 3-12-927111-2

NE: Müller, Hans Georg: ; GT

3., korrigierte Auflage 1981
Alle Rechte vorbehalten
Fotomechanische Wiedergabe nur mit Genehmigung des Verlages
© Ernst Klett, Stuttgart 1979
Satz: G. Müller, Heilbronn
Druck: Wilhelm Röck, Weinsberg
Einbandgestaltung: Zembsch' Werkstatt, München

Inhalt

I. Vorwort

Das vorliegende Heft ist das erste der neuen Reihe „Stundenblätter Geschichte/Gemeinschaftskunde". Diese Reihe ist aus der Praxis heraus zur Unterstützung des Lehrers bei der Vorbereitung und Durchführung seines Unterrichts konzipiert worden; sie soll eine bis heute bestehende Lücke schließen, indem sie dem Lehrer konkrete Hilfestellungen für die Reduktion und Aufbereitung von Lerninhalten anbietet.

Diese Hefte wollen weder das Lehrbuch und die Quellensammlung noch die eigenen Unterrichtsentscheidungen des Lehrers ersetzen: Sie zeigen vielmehr Wege auf, wie verschiedene Lehrbücher und Materialien effizient eingesetzt und der Stoff lernzielorientiert arrangiert werden kann, ohne den Anspruch auf Verbindlichkeit zu erheben. Im Vordergrund stehen dabei die Handlichkeit und die Praxisnähe der Stundenblätter.

Viele der hier unterbreiteten Vorschläge können mit jedem Lehrbuch realisiert werden; in Einzelfällen findet man Verweise auf bestimmte Lehrbücher und Textsammlungen. Der Lehrer bleibt aufgefordert, das ihm zur Verfügung stehende Material – den Anregungen der Stundenblätter folgend – selbständig zu strukturieren und überall dort, wo dies vom aktuellen Materialangebot her wünschenswert erscheint, unabhängig Entscheidungen über den Einsatz von Texten, Statistiken und Bildern zu treffen. Um diesen Prozeß zu erleichtern, werden die ausgewählten Materialien jeweils in einer kurzen Zusammenfassung beschrieben.

Besonders wichtig ist, daß die Kompetenz und das Interesse der unterrichteten Klasse für die Planung und Gestaltung des Unterrichtes ausschlaggebend bleiben, wobei die zahlreichen Alternativen und Erweiterungsvorschläge in den Stundenblättern als Anregung dienen können.

Herausgeber, Verfasser und Verlag der Stundenblätter sind sich darüber im klaren, daß der vorliegende Versuch einer modernen Vorbereitungshilfe noch verbessert werden kann; sie sind deshalb für kritische Anregungen und Veränderungsvorschläge aufgrund der praktischen Erprobung dankbar.

II. Fachwissenschaftliche Aspekte des Themas

1. Der Absolutismus wird heute weniger als Voraussetzung für die Entstehung der europäischen Nationalstaaten, sondern stärker als die Epoche angesehen, in welcher sich der moderne Staat überhaupt herausgebildet hat. Die Eigenständigkeit eines absolutistischen Zeitalters, das sich zwischen das Mittelalter und die Geschichte der heutigen Staaten schiebt, wird nicht mehr bestritten. Dieses Zeitalter ist vor allem gekennzeichnet durch die Sozialdisziplinierung, das heißt durch die beginnende Auflösung der Ständegesellschaft und die Verpflichtung des Adels zur Unterordnung und zur Übernahme höfischer oder staatlicher Funktionen, und durch die verstärkten Eingriffe des Staates in die Wirtschaft aufgrund des gestiegenen Geldbedarfs für die Unterhaltung des Heeres und die Errichtung einer besoldeten Verwaltung.

Zur Schaffung der letzteren wurde überall eine fachlich vorgebildete Beamtenschaft herangezogen, der im Laufe der Zeit ein nicht zu übersehender Einfluß auf die Politik des jeweiligen Staates zukam.

Als weitere Gemeinsamkeit ist insbesondere die politische Organisation größerer Räume anzusehen, die sowohl wirtschaftlich als auch rechtspolitisch ein Gebot der Stunde war und in dem Versuch gipfelte, eine möglichst weitgehende Zentralisierung und Einheit durchzusetzen.

2. Die Rolle des Adels, der im Absolutismus einen Transformationsprozeß durchlaufen hat, wurde häufig vereinfachend als bloßer Widerstand gegen den Verlust traditioneller Rechte beschrieben. „Ebenso wichtig wie sein Widerstand ... sind seine vielfältige Anpassung an sich wandelnde Verhältnisse und sein Bemühen um die Erhaltung seines Besitzstandes ..., deren Erfolge keineswegs nur solche der Verteidigung waren, sondern auch ... auf Leistungen in der lokalen, regionalen und zentralen Verwaltung und im militärischen Dienst und auf wirtschaftlicher Macht beruhten" (Rudolf Vierhaus, Der Adel vor der Revolution, Göttingen 1971, S.6f.). Nicht von ungefähr erklärt das von Friedrich II. angeregte Allgemeine Preußische Landrecht den Adel zum ersten Stand im Staate und weist ihm eine Vielzahl von Privilegien zu. Die Entmachtung des Adels betraf – wo sie überhaupt durchgesetzt werden konnte – nur dessen politischen Einfluß; gegen die ungleiche Besteuerung, die persönliche Abhängigkeit der Bauern und die zahlreichen privilegierten Einnahmequellen wurde wenig oder nichts unternommen.

So gilt, was Pierre Goubert für Frankreich festgestellt hat, daß die ökonomische Struktur – abgesehen vom Aufstieg einer schmalen bürgerlichen Schicht – sich im Absolutismus kaum veränderte und daß das Privilegieren Weniger weiterhin eine ausschlaggebende Rolle spielte: „Alles in allem kann man sagen, daß neun Untertanen König Ludwigs ein dürftiges Leben voll harter Arbeit führten, um dem zehnten zu gestatten, sich in aller Ruhe bürgerlichen oder adligen Tätigkeiten hinzugeben ... Zu dieser Klasse von Nutznießern verschiedener Prägung gehört fast der gesamte Adel ..." (Ludwig XIV. und zwanzig Millionen Franzosen, Berlin 1973, S.38). Für Brandenburg-Preußen stellt Gerhard Oestreich fest: „Es war kein prinzipieller Kampf gegen die politische und soziale Stellung der Stände, sondern es ging allein um die Aufrichtung eines zusammengesetzten Gesamtstaates, in dem die Einzelinteressen der älteren Territorien zu einem Ausgleich mit der zentral geführten Außen- und Militärpolitik gebracht werden mußten" (Handbuch der Europäischen Geschichte, Band 4, S. 402).

3. Durch den Merkantilismus erfuhr aber andererseits das Bürgertum im Zeitalter des Absolutismus einen solchen Aufschwung, daß ihm schließlich die Beteiligung an der politischen Macht nicht mehr vorenthalten werden konnte. In diesem Zusammenhang ist es wichtig zu betonen, daß die Reglementierung der bürgerlichen Manufakturbetriebe durch die staatliche Wirtschaftspolitik den freien Entscheidungsspielraum der Unternehmer empfindlich eingeschränkt hat. Im Bürgertum, nicht im Adel, zog sich der Absolutismus seinen gefährlichsten Gegner heran.

4. Die absolutistischen Monarchen konnten nirgends ihren Anspruch auf eine zentralistische und rationalistische Politik voll durchsetzen; in allen Staaten stellten sich diesem Anspruch regionale oder gesellschaftliche Sonderinteressen in den Weg. Die Abhängigkeit der absolutistischen Herrschaftsstruktur und der Sozialstrukturen in den einzelnen Staaten war eine wechselseitige. Die Diskrepanz zwischen dem von Staatstheoretikern entworfenen Modell einer unumschränkten Fürstenherrschaft und der Verfassungswirklichkeit, die sich von Staat zu Staat vielfältig unterschied, konnte von der Forschung eindeutig nachgewiesen werden. Nicht nur der Provinzadel, sondern auch die Beamten hatten – bedingt durch die Unmöglichkeit einer wirkungsvollen monarchischen Kontrolle und die systemgemäße Unterdrückung der Kritik von unten – einen erheblichen Anteil an der Macht für sich reservieren können. Ihre Unentbehrlichkeit für den Monarchen, ihre regionale Verwurzelung und auch ihre Kompetenz in den Aufgaben der Verwaltung stärkten die Position der Adligen und der Beamten trotz aller Versuche der Fürsten, sich zu alleinigen Entscheidungsorganen aufzuschwingen, nachhaltig. Für das friderizianische Preußen kommt Ge-

raint Parry zu folgendem Befund: „Im Bereich der regulären Personalverwaltung gelang es der Bürokratie mit hervorragendem Erfolg, königliche Kontrollvorkehrungen ihren eigenen Zwecken dienstbar zu machen. Im Laufe der Zeit konnte sie sie in Instrumente korporativer Autonomie und hierarchischer Selbstverwaltung verwandeln. Die absolute regulative Autorität der Krone wurde, sobald es um die strikte Befolgung der strengen Dienstvorschriften ging, durch Trägheit, Sabotage oder Täuschungsmanöver der Verwaltungsbehörden unterhöhlt" (Der Aufgeklärte Absolutismus, herausgegeben von Karl Otmar Freiherr von Aretin, Köln 1974, S. 184).

Andererseits kommt der Erforschung des Absolutismus als einem Verfassungsmodell, dessen Funktion es war, die in Religions- und Eroberungskriegen entstandenen chaotischen Zustände neu zu ordnen, heute eine größere Bedeutung zu. Hierher gehören die keineswegs nur vom aufgeklärten Absolutismus unternommenen Versuche, einen modernen Rechtsstaat zu begründen, Entscheidungsprozesse zu zentralisieren und transparenter zu machen und sozialpolitische Aufgaben – wenigstens in Ansätzen – für den Staat zu beanspruchen. Der absolutistische Staat wurde zur Notwendigkeit, wenn die Folgen permanenter Kriege und Krisen jener Zeit bewältigt werden sollten.

Interessant ist die von Roland-Goetz Foerster vorgeschlagene Unterscheidung zwischen einer statisch-patrimonialen und einer dynamisch-absolutistischen Komponente in Preußen, die sich im Absolutismus überlagerten. Zur statisch-patrimonialen Komponente wird die Schutzfunktion des Herrschers im feudalen Personenverbandsstaat und die Einbeziehung gerade ständischer Elemente in politische und juristische Entscheidungsprozesse gerechnet. Dynamisch-absolutistisch sind dagegen die Zentralisierung des Rechts, die Setzung von Verwaltungsnormen, die ökonomischen und juristischen Eingriffe in die Privatsphäre sowie die Staatsfinanzierung durch einheitliche Steuern (vgl. dazu ausführlich Hartmut Lehmann in GWU 4/1978, S.269).

5. Weil der Absolutismus aber den Fürsten außerhalb oder oberhalb der Rechtsordnung ansiedelte und gleichzeitig alte und verbriefte Rechte zur Mitwirkung im Staat zerschlagen hat, sollte er als Gegentypus zur späteren konstitutionellen Monarchie verstanden werden. Die geschriebene, allgemein verbindliche Verfassung bedeutet das Ende des Absolutismus.

Daran ändern auch die ersten Schritte zu einer Loslösung der Jurisdiktion im aufgeklärten Absolutismus wenig, wie die bekannten Eingriffe Friedrichs II. in schwebende Gerichtsverfahren aufzeigen können. „Schließlich hat Friedrich doch im ersten Diener des Staates den ersten Richter gesehen, was nur eine Erläuterung der traditionellen Aufgabe des Königtums war" (Helen Liebel, in: Absolutismus, herausgegeben von Walther Hubatsch, Darmstadt 1973, S.529). Nach wie vor war es Sache des Monarchen zu bestimmen, was der Wohlfahrt und der Sicherheit seiner Landeskinder am zuträglichsten sei. Der Anspruch des Fürsten, alles zu entscheiden, alles besser zu wissen und alles zu reglementieren, ist ein konstitutives Element in jedem Absolutismus. Dort, wo die Rechte der Fürsten durch Verfassungen eingeschränkt oder durch eine auch in der Praxis realisierte Selbstbeschränkung aufgehoben worden sind, sollte man nicht mehr von Absolutismus reden. Nachdrücklich sei aber darauf hingewiesen, daß gleichzeitig und parallel zur Beschreibung der absoluten Fürstensouveränität andere Staatstheoretiker – entweder mit dem Ziel, die ständische Ordnung zu verteidigen oder in der Absicht, den Absolutismus nach vorn aufzubrechen – heftige Kritik an der Legitimität und den Maßnahmen absolutistischer Monarchen geäußert haben. „John Locke, der klassische Interpret der Glorreichen Revolution, leitete die Umwandlung des Absolutismus zum Konstitutionalismus ein" (Fritz Wagner, Handbuch der Europäischen Geschichte, Band 4, S.80). Vertragsrecht und Verfassungsstaat konnten sich aber gerade dort weniger durchsetzen, wo die absolutistischen Monarchen aus dem Arsenal der Aufklärung einzelne Elemente herausgriffen und diese zur Legitimation ihrer Herrschaft verwendeten, zumal dann, wenn kein selbstbewußtes Bürgertum da war, das die Ideen der Aufklärung in ihrer Gesamtheit einklagte und schließlich auf revolutionärem Weg zu verwirklichen suchte.

6. „Die ältere Geschichtsschreibung hat den aufgeklärten Absolutismus dafür gepriesen, daß er ein neues Pflichtbewußtsein entwickelt hätte, so daß nun auch der Regent zum ersten Diener des neuen Staates geworden sei. Die neuere Geschichtsschreibung hat diese Auslegung unkritisch übernommen" (Helen Liebel, a.a.O., S.525). Die Umformung und Weiterentwicklung des Absolutismus zum aufgeklärten Absolutismus darf also nicht darüber hinwegtäuschen, daß die Methoden der Politik sich dabei allenfalls graduell gewandelt haben; der fürstliche Anspruch auf höchste Souveränität wurde jedenfalls nicht aufgegeben. Die Theorien der Aufklärung fanden in der Regierungspraxis einen weitaus geringeren Niederschlag, als man vielfach angenommen hatte. Auch im aufgeklärten Absolutismus blieb das Volk in politischer Unmündigkeit. Die Eingriffe des Staates in die Wirtschaft und die Ablehnung jeglicher freihändlerischer Forderung unterschieden sich in Preußen zur Zeit Friedrichs II. nicht vom Merkantilismus in Frankreich. Die ständige Vermehrung des Heeres und die Ausrichtung von Wirtschaft und Fiskus auf den militärischen Sektor zeigen hier wie dort dasselbe Bild. Der Unterschied zwischen dem höfischen und dem aufgeklärten Absolutismus liegt mehr in dem Versuch, eine

neue Legitimität zu schaffen, indem der Dienst am Staat auf das höchste Podest gehoben wurde. Konsequenterweise sieht von Aretin im aufgeklärten Absolutismus vor allem deshalb eine eigenständige Epoche, weil sich das Selbstverständnis des Herrschers grundlegend geändert hatte; es blieb jedoch beim Appell an das fürstliche Pflichtgefühl, eine verbindliche Rechtsverpflichtung konnte so nicht entstehen. Die Staatsform bewahrte im großen und ganzen ihren absolutistischen Charakter; die gleichzeitige Aufklärung stand dazu eher in einem Spannungsverhältnis, als daß sie einen grundsätzlich anderen Absolutismus hervorgebracht hätte.

Der Eigenwert des Staates wurde zum Kennzeichen des aufgeklärten Absolutismus. Dabei konnte es dann geschehen, daß eher transzendentale Rechtfertigungstheorien verdrängt und durch die nackte Staatsräson ersetzt wurden. Dies machte es wiederum leichter, den konfessionellen Bruch zu übersehen und hinsichtlich der Religion Toleranz zu üben. „Der im Grunde schwer zu definierende Unterschied (zwischen absolutistischem Staat und aufgeklärtem Absolutismus)…besteht im wesentlichen darin, daß die Reformen absolutistischer Herrscher in Verantwortung vor Gott vorgenommen wurden, eine theoretische Begründung daher überflüssig war, während die Herrscher des Aufgeklärten Absolutismus besonderen Wert darauf legten, ihre Reformen theoretisch zu begründen und in Übereinstimmung mit den Vorstellungen der Aufklärung zu handeln" (Karl Otmar Freiherr von Aretin [Hrsg.], Der Aufgeklärte Absolutismus, Köln 1974, S. 13 f.).

Der Versuch, den Absolutismus in Phasen zu zerlegen und von einem eigenständigen konfessionellen, einem höfischen und einem aufgeklärten Absolutismus (in chronologischer Reihenfolge) zu reden, muß heute insofern als gescheitert angesehen werden, als die Herrschaftspraktiken des Absolutismus sich nicht grundsätzlich änderten. Dagegen hat der aufgeklärte Absolutismus stärker zum Entstehen des modernen Staates beigetragen, weil er die alten Bindungen viel radikaler und rigoroser durch das reine Nützlichkeitsdenken ersetzt hat als der höfische Absolutismus.

7. Verfehlt wäre es, die absolutistische Monarchie als totalitären Staat zu bezeichnen. Nirgends wird die Zentralisation unter der Zielsetzung betrieben, eine überindividuelle Einheit des Volkes zu stiften. Der Absolutismus übernimmt vielmehr die ständische Ungleichheit früherer Geschichtsepochen und schafft weder anstelle der hierarchisch gegliederten Gesellschaft einen einheitlichen Gesamtkörper, noch strebt er nach einer Uniformierung unterschiedlicher Lebens- und Erscheinungsformen der verschiedenen Gesellschaftsschichten. Im Gegenteil: Die absolutistischen Fürsten nehmen vergleichsweise geringe Eingriffe in die sozialen Lebensumstände der einzelnen Untertanen vor, wenn man von der Einführung der allgemeinen Schulpflicht und der Reglementierung des Unterrichts in Preußen absieht. Die feudale Gesellschaftsordnung blieb die Voraussetzung für die Existenz des Absolutismus bis zu dessen Ende.

8. Zahlreichen Übereinstimmungen im formalen Erscheinungsbild der absolutistischen Staaten stehen nicht weniger wichtige Unterschiede gegenüber. Dies führt dazu, daß die Forschung sich verstärkt der Darstellung individueller Prozesse und Ausprägungen des Absolutismus in den Einzelstaaten zuwendet. Auch das Handbuch der Europäischen Politik legt den Schwerpunkt auf die Länderbeschreibungen. Die „weitgreifenden Vergleiche stehen vor der Gefahr, über der Gleichheit der äußeren Formen den sehr verschiedenartigen Inhalt zu übersehen" (Wilhelm Mommsen, in: Absolutismus, herausgegeben von Walther Hubatsch, Darmstadt 1973, S. 67).

11

Auch eine genaue zeitliche Festlegung für den Beginn der Epoche ist unmöglich, weil sich die Entfaltung zum modernen Staat überall über einen sehr langen Zeitraum hingezogen hat. Das Friedensjahr 1648 ist allenfalls als ein Einschnitt für die mitteleuropäische Geschichte anzusehen – für den englischen, russischen und spanischen Absolutismus ist es als Epochengrenze ungeeignet. Und auch in Frankreich ist der Beginn des Absolutismus wohl eher früher anzusetzen, wurden doch die Generalstände – das spektakulärste Organ der vorabsolutistischen Zeit – hier schon 1614 zum letzten Male einberufen. Auch die Festsetzung eines Endtermins stößt auf Schwierigkeiten: Der Ausbruch der Französischen Revolution im Jahre 1789 hat zwar in Frankreich die absolutistische Herrschafts- und Gesellschaftsordnung beseitigt, kann aber nicht als Orientierungspunkt für den Niedergang des Absolutismus in anderen europäischen Staaten dienen. Der viel früher eingeleitete Übergang zur konstitutionellen Monarchie in England macht die Festlegung einer Epochengrenze noch problematischer.

III. Didaktische Vorüberlegungen zum Absolutismus

1. Die Bedeutung des Themas für den Geschichtsunterricht

Das Zeitalter des Absolutismus nimmt einen festen Platz im Kanon der Unterrichtsgegenstände für das Fach Geschichte – zumindest in der Sekundarstufe I – ein. Dazu hat ohne Zweifel die Tatsache beigetragen, daß die hohe Anschaulichkeit dieses Themas und die Rationalität des Staatsaufbaus im Absolutismus dem Interesse der Schüler sehr entgegenkommen. Es gibt aber eine große Zahl von zusätzlichen Argumenten, durch welche eine ausführliche Behandlung im Geschichtsunterricht zu legitimieren ist. Einige davon sollen kurz umrissen werden.

– Da es sich beim Absolutismus um eine Übergangsepoche handelt – mittelalterlich-ständische Elemente stehen neben überaus modernen Ansätzen staatlicher Verwaltung – bietet er für den Unterricht die wertvolle Chance, die Prozeßhaftigkeit von Lebensformen und Institutionen geradezu exemplarisch zu demonstrieren. Rascher Wandel, der sich ebenso an der Entwicklung der absolutistischen Staatshaushalte wie an den einschneidenden Veränderungen von Grenzen, die bis dahin über eine lange Zeit hinweg unantastbar gewesen waren, ablesen läßt, stehen neben den Versuchen, traditionelle Strukturen – z. B. den ständischen Aufbau der Gesellschaft – zu bewahren.

– Wirtschaftsgeschichtlich ist diese Epoche deshalb von größter Bedeutung, weil in ihr die Fundamente für die gewerbliche Wirtschaft erheblich verbreitert worden sind, der staatlich geförderte Ausbau des Manufakturwesens hat das Aufkommen des Frühkapitalismus mindestens beschleunigt, wenn nicht gar erst ermöglicht. Die wirtschaftsliberalen Forderungen am Ende des 18. und während des 19. Jahrhunderts bleiben unverständlich, wenn sie nicht auch auf dem Hintergrund merkantilistischer Reglementierung der Wirtschaft durch den absolutistischen Staat diskutiert werden. (Hier ist vor allem auf die Vergabe und Überwachung von Monopolen durch den absolutistischen Staat, aber auch auf seine Eingriffe in den Außenhandel hinzuweisen.)

– Im Absolutismus entstand der moderne Staat. Wenn der Geschichtsunterricht seine wesentlichste Funktion, nämlich die historische Gewordenheit heutiger Strukturen, Einrichtungen und Werte und deren Determinanten verständlich zu machen, nicht vernachlässigen soll, dann kann er auf das Zeitalter des Absolutismus nicht verzichten.

– Unter einem anderen didaktischen Aspekt wird der Absolutismus für die Vorgeschichte der heutigen Gesellschaft wichtig: Deren Entstehungsprozeß vollzog sich gewissermaßen durch den Bruch mit dem absolutistischen Herrschafts- und Gesellschaftssystem. Die Ideologie der Französischen Revolution ist die radikale Absage an den ständischen Aufbau der Gesellschaft und die fehlende Konstitutionalisierung der Fürstengewalt im Absolutismus. Auch wo sich dieser Bruch mit den Grundelementen des Absolutismus nicht so sprunghaft vollzogen hat wie in Frankreich, war der gesellschaftliche Wandlungsprozeß im 19. Jahrhundert durch das

Abschütteln von absolutistischen Behinderungen und Zwängen gekennzeichnet.

So enthält dieser Unterrichtsgegenstand ein doppeltes Potential für den Geschichtsunterricht: Er ist zunächst geeignet, die historischen Wurzeln heutiger staatlicher Ordnung aufzuzeigen, indem der Überschneidungsbereich von damals und heute ins Blickfeld rückt, und er läßt es gleichzeitig zu, daß man ihn – hinsichtlich des Gesellschaftsaufbaus und des Staatsverständnisses – als Gegentypus zu gegenwärtigen Formen versteht, also das „ganz Andere" im Absolutismus aufspürt.

2. Vorschläge zur Eingrenzung des Themas für den Unterricht

Die vielfältigen Erscheinungsformen absolutistischer Herrschaft, die zeitliche Verschiebung ihrer Einrichtung und ihrer Beseitigung in West-, Mittel- und Osteuropa und die Dichte der Ereignisse in diesem Zeitalter zwingen zu einschneidenden Verkürzungen des Themas. Das jeweilige Ergebnis solcher Verkürzungen kann sehr unterschiedlich ausfallen – es handelt sich um Setzungen, die stets angreifbar bleiben.

Aus der Fülle der sich anbietenden Möglichkeiten wird in unserem Unterrichtsvorschlag folgende Lösung ausgewählt: Man bildet einen eindeutigen Schwerpunkt, indem man die Regierungszeit Ludwigs XIV. als die zeitliche Begrenzung für den Unterricht ansetzt, und versucht, die wesentlichen Elemente der Epoche aus der französischen Ausprägung des Absolutismus zu erarbeiten. Für dieses Verfahren sprechen nicht nur die Anschaulichkeit des Hofes von Versailles und die Klarheit der theoretischen Aussagen der zeitgenössischen französischen Autoren –

Voraussetzungen, die für den Unterricht in der Sekundarstufe I von größter Bedeutung sind –, sondern vor allem die prägende Kraft, die vom französischen Absolutismus zur Zeit Ludwigs XIV. auf fast ganz Europa ausgestrahlt hat. „Ludwig XIV. drückte seinem Land, seiner Epoche, einer ganzen Staatsform, einem Kunst- und einem fürstlichen Lebensstil den Stempel seiner starken Persönlichkeit auf" (Eberhard Weis im Handbuch der Europäischen Geschichte, Band 4, S. 223). Folgerichtig hat auch Robert Mandrou das Modell Frankreich schwerpunktmäßig für seine Darstellung des absolutistischen Zeitalters gewählt.

Durch diese Beschränkung des Themas auf einen anerkannten Vertreter und eine besonders ausgeprägte Form des Absolutismus lassen sich die unterrichtspraktischen Vorschläge der Stundenblätter mit den meisten Lehrbüchern und Quellensammlungen realisieren.
Innerhalb des ausgewählten Ausschnittes wird dann versucht, ein möglichst komplexes Bild zu vermitteln; deshalb werden neben den äußeren Erscheinungsformen (Schloß und Hofleben von Versailles), den französischen Staatstheoretikern und dem Merkantilismus Colberts auch konkrete Fakten aus der französischen Geschichte in der zulässigen Ausführlichkeit in die Unterrichtseinheit aufgenommen (z.B. die außenpolitischen Maßnahmen Ludwigs XIV., sein Vorgehen gegen das Parlament von Paris und einzelne Erlasse seines Kabinetts).

Abzulehnen für die Sekundarstufe I ist das Verfahren, bei welchem absolutistische Strukturen aus mehreren Staaten nebeneinander gestellt werden, um so den Absolutismus als Typus und Epoche in den Griff zu bekommen. Dies würde einerseits eine hohe Abstraktionsfähigkeit voraussetzen, die bei dieser Altersstufe nicht ohne weiteres unterstellt werden kann, und zudem die Bedingungsfaktoren des individuellen französischen Absolutismus – unhistorisch – vernachlässigen.

Im Anschluß an die Behandlung Frankreichs soll in zwei Unterrichtsstunden versucht werden, einige Elemente aus dem aufgeklärten Absolutismus in Preußen einzuführen. Dabei geht es vor allem darum, Gelerntes beim Aufspüren des Überschneidungsbereichs und der Unterschiede zwischen höfischem – französischem – Absolutismus und dem aufgeklärten Absolutismus preußischen Zuschnitts anzuwenden. Diese beiden Stunden haben jedoch keinesfalls die Funktion, eine ausführlichere Behandlung der preußischen Geschichte zu ersetzen (vgl. die didaktische Einführung zur 11. und 12. Stunde).

3. Weitere didaktische Vorentscheidungen

Prinzipiell bemühten sich die vorliegenden Anregungen darum, daß die Schüler in die Lage versetzt werden, gewonnenes Wissen und gewonnene Erkenntnisse innerhalb der Unterrichtseinheit immer wieder zu verwerten, zu vertiefen und zu überprüfen. Dazu ist es unumgänglich, daß in einzelnen Unterrichtsschritten bereits – vorläufig – Bekanntes unter anderen Fragestellungen erneut eingebracht wird.
Als besondere Bezugspunkte für dieses Verfahren wurden ausgewählt:
1. die Legitimationsversuche der absolutistischen Herrschaft
2. die Heeresreform und der Staatshaushalt
3. die merkantilistische Wirtschaftspolitik
4. die Stellung des Fürsten.

Die Tatsache, daß die Philosophie der Aufklärung weniger für den Absolutismus selbst als bei dessen Überwindung eine bedeutsame

Rolle gespielt hat – „Das Staatsdenken der Aufklärung und der Aufgeklärte Absolutismus waren im Ergebnis zwei verschiedene Dinge" (Karl Otmar Freiherr von Aretin, a. a. O., S. 38) – läßt es zu, daß man die Behandlung der Aufklärung im Rahmen der vorliegenden Stundenblätter zurückstellt. Sollte man dennoch nicht darauf verzichten wollen, wird man die Aufklärung in einem Exkurs vor der 11. Stunde einschieben.

Mit besonderem Nachdruck verfolgt die vorliegende Unterrichtseinheit das Ziel, die Schüler zu einer permanenten Urteilsbildung über Erscheinungsformen und Maßnahmen der absolutistischen Herrschaft anzuregen. Man kann darin das leitende Aufbauprinzip sehen. An vielen Stellen werden deshalb Impulse zum Reflektieren und Urteilen über die beschriebenen Phänomene vorgeschlagen; ein besonderer Unterrichtsabschnitt ist ausschließlich für die Bewertung reserviert (s. 10. Stunde). Auch die Gegenüberstellung von höfischem und aufgeklärtem Absolutismus bietet mannigfaltige Möglichkeiten für die Untermauerung des Urteils über die Epoche. Allerdings wird man dabei darauf zu achten haben, daß den Schülern die Grenzen einens solchen Vorgehens verständlich werden:
– Das Urteil muß zurückhaltend bleiben, weil – im Rahmen der zur Verfügung stehenden Zeit – nur ein begrenzter Einblick in die Epoche gewährt werden kann; für eine verbindliche Wertung reicht es nicht aus, wenn lediglich ausgewählte Elemente eines Zeitalters, die im vorliegenden Fall fast ausschließlich auf ein Land beschränkt sind, als Basis dienen.
– Jedes Urteil über historische Sachverhalte muß die Bedingungsfaktoren und den Entwicklungsstand des zeitgenössischen Wertesystems in die Reflexion einbeziehen. Ein Urteil ex post ist zwar zulässig, darf aber nicht davon ablenken, daß zwischen ihm und dem beurteilten Gegen-

15

stand ein Entwicklungsprozeß auch der Urteilskategorien liegt. Anders ist es, wenn Urteile, die aus der Epoche selbst stammen, thematisiert werden. Diese Möglichkeit wird in der Unterrichtseinheit weitgehend aufgegriffen. Um die Urteils- bildung zu vertiefen, wird die Einbezie- hung der Sekundärliteratur empfohlen. Die Stundenblätter machen dafür zwar keine konkreten Vorschläge, aber aus der angegebenen Literatur lassen sich zahlrei- che Stellen heranziehen, die für ein solches Vorgehen geeignet erscheinen.

Die Form der Stundenblätter macht es in der Regel nicht möglich, gerade die Urteilspha- sen zu dokumentieren und in Tafelbildern festzuhalten, weil die Stellungnahmen der jeweiligen Klasse kaum antizipierbar sind. Dem Lehrer bleibt also die Aufgabe, zusätz- liche Problemstellungen aus der gegebenen Unterrichtssituation heraus zu entwickeln.

4. Materialauswahl und Anregungen für die Auswertung

Die vorgeschlagenen Materialien dienen le- diglich zur Anregung für die konkrete Unter- richtsgestaltung. Die Auswahl wurde wesent- lich dadurch bestimmt, daß das Projekt mit dem eingeführten Lehrbuch, ergänzt durch Quellensammlungen oder Arbeitsbücher, realisierbar ist. Dort, wo sich zusätzliche oder substituierende Quellentexte, Bilder, Stati- stiken und Graphiken anbieten, können diese unschwer in die Unterrichtseinheit ein- geplant werden. Dies gilt insbesondere für die 6. Stunde, wo die Präsentation des abso- lutistischen Staates durch seine politischen Symbole untersucht werden soll – die Mög- lichkeit zur Erweiterung des Anschauungs- materials ist hier fast unbegrenzt.

Die Fragen und Anregungen zu den Materia- lien und Informationen geben lediglich die

Intention für deren Auswertung an; es han- delt sich meistens um sogenannte Leitfragen. Man wird sie stets im Hinblick auf die Erwar- tungshaltung und die Kompetenz der Schüler konkretisieren, erweitern und in kleinere Denkschritte zerlegen müssen. Keinesfalls wird der Anspruch erhoben, daß durch diese Fragen die Auswertungsmöglichkeiten er- schöpft seien.

Eine arbeitsunterrichtliche Rekonstruktion der Epoche des Absolutismus aus dem not- wendigerweise umfangreichen Materialan- gebot und in der Kürze der Unterrichtszeit erscheint uns nicht möglich zu sein; wesentli- che Informationen, die ein fundiertes Wissen über die Epoche des Absolutismus vermit- teln können, müssen vom Lehrer angeboten werden bzw. dem zusammenfassenden Text des Lehrbuchs oder einem Übersichtsschema vorbehalten bleiben. Die Selbsttätigkeit der Schüler vollzieht sich bei der Vertiefung, bei der Umsetzung des Materials und bei den Versuchen, ein eigenes Urteil zu entwickeln. Darbietender Unterricht oder die selbstän- dige Lektüre ausgewählter Lehrbuchkapitel stehen neben dem kreativ-forschenden Ver- fahren und schaffen erst die Voraussetzun- gen dafür. Wichtigstes Ziel ist es, den Schüler in den selbständigen Umgang mit begrenzten und ausgewählten Materialien einzuführen und ihm die Gelegenheit zur Standort- und Urteilsfindung anzubieten. „Im Geschichts- unterricht steckt wie kaum in einem anderen Fach die Gefahr, daß ein Lehrer die Lernvor- gänge, statt sie beim Schüler in Gang zu set- zen und zu ermöglichen, ihm abnimmt und an seiner Stelle vollzieht, ohne dabei das Lerndefizit überhaupt wahrzunehmen" (Wolfgang Hug, Geschichtsunterricht in der Praxis der Sekundarstufe I, Frankfurt 1977, S. 121).

5. Die Veränderbarkeit der vorgeschlagenen Strukturen

Die Stundenblätter zum Absolutismus bieten zwar ein logisch aufgebautes Unterrichtsprogramm an, dessen wichtigste Prinzipien oben vorgestellt worden sind, aber es ist dennoch denkbar, daß man nur einzelne Elemente aus der Einheit herausgreift und diese anders strukturierten Unterrichtseinheiten zuordnet oder um sie herum einen anders konzipierten Absolutismus-Lehrgang entwirft. Da jede Stunde oder Teileinheit in sich geschlossen ist, werden die einzelnen Elemente der ganzen Unterrichtseinheit frei verfügbar. Zu einer Verselbständigung eignen sich besonders die 6. und 7. Stunde (Erscheinungsformen des Absolutismus) sowie die 8. und die 10. Stunde (Legitimationsversuche bzw. Beurteilung des Absolutismus). Auch einer Anordnung der Stundenblätter, die von der vorgegebenen Reihenfolge abweicht, steht nichts im Wege; so erscheint es durchaus sinnvoll, das Stundenblatt zur Legitimation des Absolutismus bereits nach der 2. Stunde einzufügen oder die Stundenblätter 3 bis 5 (Merkantilismus) erst nach der Behandlung des Schlosses von Versailles und der Selbstdarstellung der Macht heranzuziehen.

6. Lernziele

Der nachstehende Lernzielkatalog soll die Absichten der Unterrichtseinheit weiter verdeutlichen. Es handelt sich keineswegs um eine vollständige Aufzählung der möglichen Lernziele zum Absolutismus. Der Lernzielkatalog wird in den konkretisierten Lernzielen, welche den einzelnen Stunden vorangestellt worden sind, weiter ausgefaltet und konkretisiert. Auf die Nennung instrumenteller Lernziele wurde verzichtet.

A. Die Schüler erkennen,

a) daß die Epoche des Absolutismus wesentliche Strukturmerkmale des modernen Staates hervorgebracht hat
b) daß sich im Absolutismus die monarchische Gewalt in der Auseinandersetzung mit den Ständen politisch durchgesetzt hat
c) daß gleichzeitig wesentliche Elemente der Ständegesellschaft im Absolutismus erhalten blieben
d) daß absolutistische Staaten häufig eine aggressive und expansive Außenpolitik verfolgt haben
e) daß der Merkantilismus ein konstitutives Element des Absolutismus ist
f) daß absolutistische Herrschaft sich auf das stehende Heer und die zentralisierte Verwaltung gestützt hat
g) daß höfischer und aufgeklärter Absolutismus sich vor allem durch die verschiedenen Legitimationsversuche und ein anderes Staatsverständnis unterscheiden.

B. Die Schüler erarbeiten

a) aus Quellenauszügen einige Legitimationsversuche für die absolutistische Herrschaft
b) aus Quellenauszügen die zeitgenössische Kritik an der absolutistischen Fürstensouveränität und den Folgen des Absolutismus in Frankreich
c) aus Quellenauszügen und Graphiken das System des Merkantilismus
d) aus Bildern, Texten und Statistiken die Selbstdarstellung der absolutistischen Macht
e) aus Statistiken den Umfang und die Funktion der Staatsausgaben und deren Finanzierung
f) aus Zeittafeln die Entwicklung Frankreichs vor Ludwig XIV. und die Entwicklung Brandenburg-Preußens zur europäischen Großmacht
g) aus Texten und Graphiken die Unterschiede zwischen der mittelalterlichen

und der absolutistischen Herrschaftsstruktur.

C. Die Schüler beurteilen
a) den französischen Absolutismus zur Zeit
Ludwigs XIV. und den aufgeklärten Absolutismus in Preußen

b) die Bedeutung des Absolutismus für die
Transformation der Ständegesellschaft
c) die Bedeutung des Absolutismus für die
Herausbildung des modernen Staates
d) die Stimmigkeit zeitgenössischer Kritik
am Absolutismus.

VI. Literaturverzeichnis

Die nachstehenden Angaben beschränken sich auf einige für die fachwissenschaftliche Vertiefung und für die Unterrichtsvorbereitung besonders wichtige Werke. Für weiterführende Hinweise wird auf die ausführlicheren Literaturverzeichnisse der genannten Titel verwiesen.

1. Fachwissenschaftliche Literatur

Karl Otmar Freiherr von Aretin (Hrsg.), Der Aufgeklärte Absolutismus, Köln 1974

Fritz Blaich, Die Epoche des Merkantilismus, Wiesbaden 1973

Pierre Goubert, Ludwig XIV. und zwanzig Millionen Franzosen, Berlin 1973

Walther Hubatsch (Hrsg.) Absolutismus, Darmstadt 1973

ders., Das Zeitalter des Absolutismus 1600–1789, Braunschweig 1961

Jürgen Freiherr von Kruedener, Die Rolle des Hofes im Absolutismus, Stuttgart 1973

Wolfgang Mager, Absolutistische Wirtschaftsförderung (am Beispiel Frankreichs und Brandenburg-Preußens), in: Sozialwissenschaftliche Informationen für Unterricht und Studium, 1974/1, S. 4–8

Robert Mandrou, Staatsräson und Vernunft 1649–1775 (Propyläen Geschichte Europas, Band 3), Berlin 1976

Gerhard Oestreich, Geist und Gestalt des frühmodernen Staates, Ausgewählte Aufsätze, Berlin 1969

Rudolf Vierhaus (Hrsg.), Der Adel vor der Revolution, Göttingen 1971

ders., Deutschland im Zeitalter des Absolutismus, Göttingen 1978

Fritz Wagner (Hrsg.), Europa im Zeitalter des Absolutismus und der Aufklärung (Handbuch der Europäischen Geschichte, Band 4) Stuttgart 1968

2. Literaturberichte

Hartmut Lehmann, Absolutismus und Aufklärung, in: Geschichte in Wissenschaft und Unterricht, 1973/12, S. 754–772

ders., Absolutismus und Aufklärung, ebenda, 1978/4, S. 261–274

3. Quellensammlungen und Arbeitsmaterialien

Detlef Albers, Der europäische Absolutismus (= Quellen- und Arbeitshefte für den Geschichtsunterricht) Stuttgart (Klett)

Hermann de Buhr, Die Entstehung des modernen Staates im Absolutismus (= Themen und Probleme der Geschichte) Frankfurt (Hirschgraben)

Alfons Fitzek, Staatsanschauungen im Wandel der Jahrhunderte, Band 2, Paderborn (Schöningh)

Hermann Francke, Vom Westfälischen Frieden bis zum Wiener Kongreß (= Geschichtliche Quellenhefte), Frankfurt (Diesterweg)

Georg Guggenbühl, Quellen zur Geschichte der neueren Zeit, Zürich 1965

Wolfgang Kleinknecht u. a., Handbuch des Geschichtsunterrichts, Band IV, Frankfurt (Diesterweg)

Ricardo Krebs, Der europäische Absolutismus (= Quellen- und Arbeitshefte zur Geschichte und Politik), Stuttgart (Klett)

Wolfgang Lautemann und Manfred Schlenke, Geschichte in Quellen, Band III, München 1976 (Bayerischer Schulbuchverlag)

Arnulf Moser u. a., Das Werden einer neuen Zeit, Staat und Staatensystem im Zeitalter des Absolutismus (= Politische Weltkunde I, 3), Stuttgart (Klett)

Sieghard Rost, Das Zeitalter des Absolutismus (= Bilder aus der Weltgeschichte), Frankfurt (Diesterweg)

Emil Stahleder, Absolutismus und Aufklärung (= Lesewerk zur Geschichte), München 1968

Gilette Ziegler, Der Hof Ludwigs XIV. in Augenzeugenberichten, Düsseldorf 1964

4. Lehrbücher

Damals und heute, Ausgabe D, Band 3 und Ausgabe C, Band 2 (Klett)

Der Mensch und seine Welt, Band 2 (Dümmler)

Die Reise in die Vergangenheit, Band 2 (Westermann)

Fragen an die Geschichte, Band 3 (Hirschgraben)

Geschichtliche Weltkunde, Band 2 (Diesterweg)

Kletts Geschichtliches Unterrichtswerk, Ausgabe C, Band 3: Das Werden des nationalen Staates (Klett)

Menschen in ihrer Zeit, Band 3 (Klett)

Menschen in ihrer Zeit – erinnern und urteilen – Band II (Klett)

Spiegel der Zeiten, Band 3 (Diesterweg)

Zeiten und Menschen, Band B 3 (Schöningh)

5. Lehrerbegleithefte und Lehrerhandbücher

Bahl u. a., Lernziele und Lernschritte, Handreichungen für den Lehrer, Heft 3 zu: Spiegel der Zeiten, Band 3 (Diesterweg)

Deermann / Immich u. a., Didaktischer Grundriß, Band 3 zu: Zeiten und Menschen C, Band 3 (Schöningh)

Ebeling/Birkenfeld, Die Reise in die Vergangenheit, Band 2, – Lehrerausgabe – (Westermann)

Grolle u. a., Handreichungen für den Lehrer zu: Menschen in ihrer Zeit, Band 3 (Klett)

Hug/Danner, Lernimpulse 2; Begleitheft zum Arbeitsbuch „Geschichtliche Weltkunde", Band 2 (Diesterweg)

Krieger, Die Neuzeit = Handbuch des Geschichtsunterrichts, Band IV (Diesterweg)

Tenbrock/Kluxen u. a., Didaktischer Grundriß Band 3 (alt) zu: Zeiten und Menschen B, Band 3 (Schöningh)

Thielen u. a., Vom hohen Mittelalter bis ins Zeitalter des Absolutismus; Lehrerband zu: Der Mensch und seine Welt, Band 2 (Dümmler)

Elemente zur Unterrichtsplanung (Lehrerband in Loseblattform), zu: Band 3, Damals und heute (Ausgabe D) (Klett)

Lehrerbegleitheft zu: Damals und heute – Allgemeine Ausgabe (Ausgabe C), Band 2 (Klett)

Lehrerbegleitheft zu: erinnern und urteilen, Band II, Unterrichtseinheiten 6–11 (Klett)

6. Taschenbücher

Maurice Ashley, Das Zeitalter des Absolutismus 1648–1775 (Heyne 46)

Jean Bodin, Über den Staat (Auswahl) (Reclam 9612)

Helmut Böhme, Europäische Wirtschafts- und Sozialgeschichte, Band 4 (Staatsräson und Revolution) (Fischer 6359)

Max Braubach, Vom Westfälischen Frieden bis zur Französischen Revolution (Gebhardt, Handbuch der deutschen Geschichte, Band 10) (dtv WR 4210)

Vincent Cronin, Der Sonnenkönig (Fischer 1536)

Die farbigen LIFE-Bildsachbücher: Kultur und Geschichte: Söldner, Diener, Majestäten (rororo 37), Dichter, Denker, Jakobiner (rororo 39)

Friedrich der Große, Das politische Testament (reclam 9723)

Paul Gooch, Mazarin – Frankreichs Aufstieg zur Weltmacht (Heyne 29)

Georg Homsten, Friedrich II. (romo 159)

Nancy Mitford, Friedrich der Große (Fischer 1804)

Reinhold Schneider, Die Hohenzollern (Fischer 242)

Wilhelm Treue, Wirtschaft, Gesellschaft und Technik in Deutschland vom 16. bis zum 18. Jahrhundert (Gebhardt, Handbuch der deutschen Geschichte, Band 12) (dtv WR 4212)

7. Dia-Reihen

Absolutismus und Aufklärung I und II; V-Dia-Verlag

Absolutismus und der Aufstieg Brandenburg-Preußens; Jünger-Verlag

Barock und Rokoko; V-Dia-Verlag

Barockschlösser; Stoedtner-Verlag

Die Malerei des Barocks und des Rokokos; Westermann-Verlag

Die Zeit Friedrichs des Großen und Maria Theresias; Westermann-Verlag

Die Zeit Friedrichs des Großen; Jünger-Verlag

Die Zeit Ludwigs XIV.; Westermann-Verlag

Versailles; V-Dia-Verlag

8. Atlanten

Atlas zur Weltgeschichte; Klett-Verlag

dtv-Atlas zur Weltgeschichte, Band 1

dtv-Perthes-Weltatlas, Band 12: Europa

Großer Historischer Weltatlas, Bayerischer Schulbuchverlag

Neuer Geschichts- und Kulturatlas; Atlantik-Verlag

Putzger, Historischer Atlas; Velhagen & Klasing-Verlag

Atlas zur Geschichte; Cornelsen-Velhagen & Klasing-Verlag

Völker, Staaten und Kulturen; Westermann-Verlag

V. Beschreibung der Einzelstunden

1. Stunde:
Vorstellung des Themas
und einiger zentraler Probleme

Zur didaktischen Funktion:

Die Stunde soll mit einem Überblick über einige wesentliche Probleme des Absolutismus in die neue Unterrichtseinheit einführen. Die wichtigsten Fragestellungen und Themenkreise, die in den folgenden Stunden weiter entfaltet werden, sind zu nennen.

Dies soll die Schüler befähigen, eine erste zeitliche und inhaltliche Eingrenzung des Absolutismus vorzunehmen und Schwerpunkte der nachfolgenden Untersuchungen mitzuformulieren. Bei günstigem Stundenverlauf ermöglichen diese ersten Einblicke in das neue Thema eine gewisse Verselbständigung der Schüler, die sich in weiterführenden Fragen, in einer eigenständigen Lektüre im Lehrbuch oder in der sachorientierten Auseinandersetzung mit Materialien äußern wird.

Für eine derartige Einleitung gibt es kein Patentrezept; wir stellen zwei Möglichkeiten etwas ausführlicher vor – nämlich die Erarbeitung von Problemfragen und möglichen Unterrichtsgegenständen aus drei vom Lehrer angebotenen Informationen und die Ableitung von übergeordneten Themen oder Kapitelüberschriften für die folgenden Stunden aus einem Katalog von Thesen zum Absolutismus. Eine qualitativ durchaus gleichwertige Alternative, die aber hier nicht weiter verfolgt wird, wäre die Konfrontation mittelalterlicher Gegebenheiten mit den Zuständen im Zeitalter des Absolutismus auf einem Satz von Bildern.

In der zweiten Stundenhälfte sollen die historischen Voraussetzungen des Absolutismus in Frankreich, die für das Verständnis der Epoche unentbehrlich sind, aus einer kommentierten Zeittafel zusammengetragen werden.

Die gefundenen Fragen und Problemstellungen haben konkrete aufschließende Funktion für den Absolutismus, sie sind aber darüber hinaus von prinzipieller geschichtsdidaktischer Bedeutung, weil sie einen systematischen Zugang für jede neu zu untersuchende historische Epoche anbieten. Man wird sie etwa folgendermaßen formulieren können:

1. Welches sind die bestimmenden politischen, wirtschaftlichen, sozialen und geistigen Kräfte in der Epoche des Absolutismus?
2. Worin liegt das „Neue" und „Besondere" gegenüber der vorangegangenen Epoche?
3. Welche Ursachen und welche Veränderungen führten zur Epoche des Absolutismus?
4. Welche Strukturmerkmale der vorangehenden Zeit wurden durch den Absolutismus aufgehoben?
5. Wodurch unterscheidet sich der Absolutismus von der nachfolgenden Epoche (von heutigen politischen, wirtschaftlichen und gesellschaftlichen Lebensbedingungen)?

Ziele der Stunde:

Die Schüler erkennen,
daß der Absolutismus als eine eigenständige historische Epoche, die sich vom vorangehenden Mittelalter deutlich abhebt, angesehen werden kann;
daß die im Absolutismus durchgesetzten

Veränderungen mehrerer Bereiche – nämlich den politischen, den wirtschaftlichen, den gesellschaftlichen und den militärischen – betreffen;

daß die Lösung konfessioneller Konflikte in Frankreich, der Sieg des französischen Königshauses im Frondeaufstand und die geistige Grundlegung durch französische (und englische) Staatstheoretiker wesentliche Voraussetzungen für die idealtypische Ausprägung des Absolutismus in Frankreich geschaffen haben.

Die Schüler erarbeiten
aus knappen Informationen Leitfragen und mögliche Unterrichtsgegenstände für die folgenden Stunden;
aus einer Zeittafel einige Begründungen für die spezifische Ausprägung des Absolutismus in Frankreich.

Verlaufsskizze:

Unterrichtsschritt 1:
Vorstellung der Unterrichtseinheit
Das Thema der Unterrichtseinheit wird vom Lehrer bekanntgegeben; der Begriff „Absolutismus" wird durch einige Sätze vorläufig definiert (Der König ist vom Gesetz losgelöst. – Der König steht über dem Gesetz. – Der König herrscht unbeschränkt.)
Es empfiehlt sich, bereits hier die Schüler erste Vermutungen über die Bedeutung dieser Sätze formulieren zu lassen, über mögliche Einschränkungen und über die diachronischen Abläufe des Absolutismus in Europa.

Unterrichtsschritt 2:
Skizzenhafte Geschichtserzählung
Mögliche Gestaltung: In Paris gab es seit dem 13. Jahrhundert sogenannte Parlamente, die für Gerichtsverhandlungen zuständig waren und bei der Gesetzgebung mitwirkten, indem sie die königlichen Erlasse diskutierten und registrierten. Erst nach dieser Registrierung erhielt eine königliche Verordnung Gesetzeskraft. Das Parlament, das zum großen Teil aus geistlichen und weltlichen Adligen bestand, konnte, ehe es registrierte, Einwände erheben und Änderungen an den Gesetzestexten verlangen.

Am 13. April 1655 ereignete sich etwas völlig Unerwartetes und Unerhörtes: Das Parlament saß gerade bei der Beratung königlicher Erlasse, als plötzlich der erst siebzehnjährige König Ludwig XIV., der direkt von der Jagd kam, in seinem roten Reitergewand, gestiefelt und gespornt, mit der Peitsche in der Hand vor den Parlamentsräten erschien. Er befahl ihnen barsch, sofort mit der Beratung aufzuhören, keine königlichen Erlasse mehr zu diskutieren oder gar zu kritisieren und überhaupt derartige Sitzungen für alle Zukunft zu unterlassen.

Tatsächlich löste sich das Parlament – ohne weitere Schritte zu unternehmen – auf, und Ludwig XIV. brüstete sich später, daß er es durch dieses deutliche Beispiel seines königlichen Willens endgültig unterworfen habe (nach Ricardo Krebs, Der europäische Absolutismus, Stuttgart [Klett] 1975, S. 84 f.).

Einen ähnlichen Charakter hat der Bericht von der Übernahme der Regierungsgeschäfte durch Ludwig XIV. am Tage nach dem Tode Kardinal Mazarins im Jahre 1661 (vgl. erinnern und urteilen 2, S. 10-3; Fragen an die Geschichte 3, S. 18; Zeiten und Menschen 3, S. 6; Spiegel der Zeiten 3, S. 4 und Geschichtliche Weltkunde 2, S. 59).

Das Auswertungsgespräch kann durch folgende Fragen strukturiert werden:
– Was ist neu am Vorgehen des Königs?
– Welche Fragen müssen wir jetzt stellen?
  (Erwartete Schülerbeiträge: Warum geben die Adligen im Parlament dem König ohne weiteres nach? – Warum wollte der König den Adel von der Gesetzgebung ausschließen? – Worin unterscheiden sich Regierungsform und Machtstellung Ludwigs XIV. von der früherer Könige?)

Unterrichtsschritt 3:
Vorläufige Auswertung einer Quellenstelle
Zusammenfassung: Als im Jahre 1665 der Holländer van Robais in der französischen Stadt Abbeville ein Unternehmen gründen wollte, in dem er mit fünfzig holländischen Arbeitern feine Tuche herzustellen beabsichtigte, erhielt er einen sogenannten königlichen Freiheitsbrief (Privileg). Darin stand etwa folgendes:

Wir, König Ludwig XIV., wollen, daß van Robais und seine bei ihm in der Manufaktur tätigen ausländischen Arbeiter als wahre Franzosen gelten sollen. Sie werden – solange die Genehmigung zum Betreiben der Manufaktur gilt – von allen Abgaben, Steuern, Soldateneinquartierungen, städtischen Diensten, Frondiensten und sonstigen öffentlichen Lasten befreit sein. Wir ordnen ferner an, daß dem Unternehmer die Summe von 12 000 Livres bar bezahlt und ausgehändigt werden soll. Und damit er den Gewinn seiner Arbeit ungestört genießen kann, verbieten wir, daß irgend jemand in der Zeit von zwanzig Jahren diese Tuchsorte nachmacht (nach erinnern und urteilen 2, S.10–13; vgl. Fragen an die Geschichte 3, S.21, Q.14).
Selbstverständlich können hier auch andere Quellentexte mit merkantilistischen Maßnahmen in derselben Absicht eingesetzt werden.

Auswertungsfragen:
– Was ist auffällig an diesem Freiheitsbrief?
– Welche Fragen müssen wir jetzt stellen? (Erwartete Schülerbeiträge: Warum mischt sich der König in die Wirtschaft ein? – Warum erhalten die Unternehmer Geldzuwendungen und eine Monopolstellung? – Worin unterscheidet sich die Wirtschaftsform im Absolutismus von früheren?)

Unterrichtsschritt 4:
Stellungnahme zu einer Statistik
Die Schüler werden mit folgender Information konfrontiert (Folie oder Tafel):
Im französischen Heer dienten:

1664	45 000 Soldaten
1672	220 000 Soldaten
1688	290 000 Soldaten
1703	400 000 Soldaten

Impulse für die Besprechung:
– Was fällt auf?
– Welche vorläufigen Schlüsse kann man aus diesen Zahlen ziehen?
– Welche Probleme ergeben sich aus diesen Zahlen? (Erwartete Schülerbeiträge: Wozu braucht der französische König immer mehr Soldaten? – Wie wird das Heer finanziert? – Worin unterscheidet sich die Heeresorganisation von früher?)

Wenn man die Auswertung der drei Informationsschritte straffen möchte, empfiehlt sich ein arbeitsteiliges Vorgehen: Alle Materialien werden gleichzeitig schriftlich vorgelegt; jeweils ein Drittel der Klasse wird um eine Stellungnahme und zur Formulierung von Fragen zu einem Informationsteil gebeten (Schülerselbsttätigkeit); im Anschluß daran stellt man die Fragen und mögliche Unterrichtsgegenstände gemeinsam an der Tafel zusammen.

Alternative zu den Unterrichtsschritten 2 bis 4:
Der Lehrer legt der Klasse eine Hektographie mit Zitaten und Stellungnahmen zum Absolutismus in Frankreich vor (s. Hektographie-Vorschlag) und fordert sie auf, Unterschiede zu den politischen, sozialen, wirtschaftlichen und geistigen Zuständen im Mittelalter zu erarbeiten und schriftlich festzuhalten. In einem weiteren Unterrichtsschritt formulieren die Schüler dann Fragen und mögliche Untersuchungsgegenstände für die neue Unterrichtseinheit.

Unterrichtsschritt 5:
Erarbeitung der Voraussetzungen des Absolutismus in Frankreich
Je nach Erwartungshaltung und Motivationsniveau der Klasse wird der Lehrer die Bedingungsfaktoren, welche für den franzö-

sischen Absolutismus unter Ludwig XIV. konstitutiv sind, entweder vortragen und mit einem parallellaufenden Tafelanschrieb veranschaulichen oder von den Schülern aus einer vorgelegten Zeittafel erarbeiten lassen. (In einigen Lehrbüchern findet man dafür geeignete Zeittafeln oder ähnliche Zusammenfassungen, die hier herangezogen werden können: erinnern und urteilen 2, S. 10–2 f.; Menschen in ihrer Zeit 3, S. 5 f.; Spiegel der Zeiten 3, S. 2 f.; Der Mensch und seine Welt 2, S. 137 f.)

Lehrervortrag oder Zeittafel werden etwa folgendermaßen strukturiert:

Ereignisse, die zum Absolutismus in Frankreich (zur Zeit Ludwigs XIV.) führen:

1. **1562–1598:** In den Glaubens- und Bürgerkriegen kämpft das katholische Königshaus, unterstützt von der Adelspartei der Guise, gegen die Hugenotten. Dabei steht England auf der Seite der Hugenotten, Spanien auf der Seite der Guise.

   1572: In der sogenannten Bartholomäusnacht werden etwa 20 000 Hugenotten auf Weisung der Königinmutter Katharina umgebracht. Die Hugenotten können sich jedoch in der Stadt La Rochelle halten.

   1598: Heinrich von Navara, der anläßlich seiner Krönung zum katholischen Glauben übergetreten ist, sichert im Edikt von Nantes den Hugenotten Gleichberechtigung und einige Sicherheitsplätze zu, wo sie ungestört ihrem Glauben nachgehen können. Dadurch wird der Zerfall Frankreichs in zwei konfessionelle Lager überbrückt; Frankreich betritt den Weg zu einem modernen Nationalstaat.
   Die französische Wirtschaft erholt sich jetzt rasch von den Folgen der Bürgerkriege.

2. **1618–1648:** Im 30jährigen Krieg zahlt Frankreich (Kardinal Richelieu) zunächst den Schweden Hilfsgelder gegen Habsburg und greift schließlich aktiv in den Krieg auf deutschem Boden ein.

   1648: Der Westfälische Friede verschafft Frankreich als „Garantiemacht" Einfluß auf das Deutsche Reich; wichtige ehemals habsburgische Stützpunkte (z. B. Metz, Toul, Verdun) und 10 elsässische Reichsstädte fallen an Frankreich.

   1649: Im Pyrenäenfrieden zwischen Frankreich und Spanien werden die Pyrenäen zur Grenze erklärt. Die Umklammerung durch das Deutsche Reich unter seinem Kaiser aus dem Hause Habsburg und das habsburgische Spanien wird gesprengt. Während das Deutsche Reich und Spanien an Einfluß verlieren, steigt Frankreich zur europäischen Großmacht auf.

3. **1614:** Zum letzten Mal werden die französischen Generalstände (eine Vertreterversammlung der Geistlichkeit, des Adels und der Bürger) zusammengerufen, die früher eine wesentliche Rolle bei der Bewilligung von Steuern gespielt haben.

   1624–1642: Kardinal Richelieu bekämpft als leitender Minister des Königs den einflußreichen Hochadel und die Hugenotten, deren politische Sonderstellung beseitigt wird. Sein Ziel war die Errichtung eines geschlossenen Einheitsstaates. Durch die Einsetzung königlicher Beamten und ein vom König unterhaltenes stehendes Heer wird der Adel weitgehend entmachtet.
   Richelieu stützt sich dabei auf die Lehre des französischen Staatsdenkers Jean Bodin, der bereits 1576 erklärt hatte, daß die Souveränität der Könige die höchste Befehlsgewalt im Staate bedeute und der Fürst vom Gesetz unabhängig sei.

   1643–1661: Kardinal Mazarin setzt die Politik seines Vorgängers fort und schlägt den Aufstand des Adels, der sich mit dem Parlament von Paris und Teilen der Bürger (Fronde) gegen die angestrebte Vormachtstellung des Königs verbunden hatte, in einem blutigen Bürgerkrieg nieder. Die Folge ist die endgültige politische Unterwerfung des französischen Hochadels unter den Willen des Königs.

4. **1661:** Ludwig XIV., der bereits 1643 den Thron bestiegen hatte, übernimmt als 22jähriger nach dem Tode Mazarins selbst die Regierung.

Auswertungsfragen:
- Welche Voraussetzungen für die Errichtung einer zentralen absolutistischen Herrschaftsaus- übung sind durch diese Entwicklung geschaffen worden?
- Welche der geschilderten Ereignisse liefen der absolutistischen Herrschaft zuwider?
- Welche haben sie möglich gemacht?

Wenn die Zeit zur Beschäftigung mit der Zeittafel nicht ausreicht, können die Schüler diese Arbeit – ganz oder teilweise – auch als Hausaufgabe erledigen. (In diesem Falle müßte man auf die im Stundenblatt vorge- schlagene Hausaufgabe verzichten.)
Das selbständige Zusammentragen der ein- schlägigen Ereignisse und Prozesse und de- ren Umsetzung in eine Zeittafel dürfte die Schüler der Sekundarstufe I überfordern; deshalb wird von einem solchen Vorhaben abgeraten.
Mögliche Hausaufgabe:
Im Lehrbuch drei Beispiele, welche zur Be- schreibung der uneingeschränkten Stellung König Ludwigs XIV. geeignet erscheinen, suchen. Diese Beispiele kurz schriftlich zu- sammenfassen.

Tafelbild (1. Stunde)

DAS ZEITALTER DES ABSOLUTISMUS
in England: 1600–1689
in Frankreich: 1600–1789
in Deutschland: 1640–1871

- Der König steht über dem Gesetz.
- Der König herrscht unbeschränkt.

Wir stellen Fragen an den Absolutismus:
1. Warum wollte der König den Adel von der Gesetzgebung ausschließen?
2. Inwiefern änderte sich dadurch die Stellung des Königs?
3. Warum greift der König in die Wirtschaft ein?
4. Worin liegt der Unterschied zu früher?
5. Warum braucht der Staat ein so großes Heer?
6. Welche Folgen ergeben sich daraus für den Staat?

VORAUSSETZUNGEN

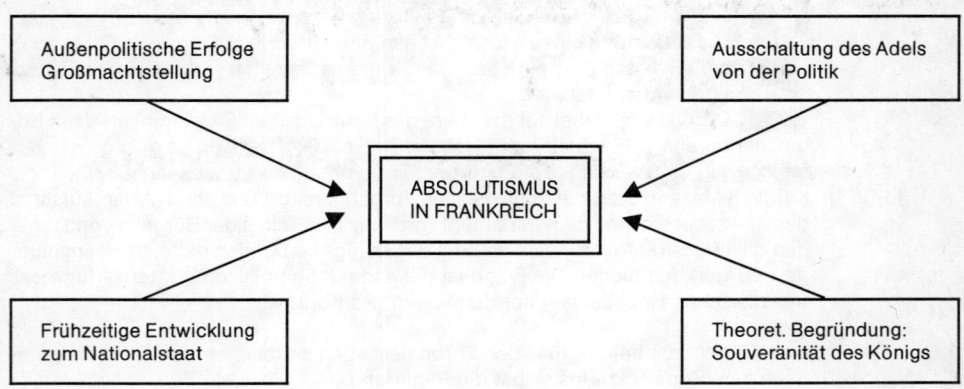

Vorschlag für eine Hektographie (1. Stunde: Alternative)

Neue Unterrichtseinheit: Das Zeitalter des Absolutismus

Maßnahmen und Zustände zur Zeit Ludwigs XIV. (1661–1715) in Frankreich	Was ist im Mittelalter anders gewesen?
1. Der König regiert mit besoldeten Beamten, die er häufig aus dem Bürgerstand auswählt. 2. Der König hat ein stehendes Heer, die obersten Offiziersstellen werden von ihm mit Adligen besetzt. 3. Der König erläßt die Gesetze und fordert, daß er allein über den Gesetzen steht. 4. Der König greift in die Wirtschaft ein und fördert vor allem die Gründung von gewerblichen Unternehmen. 5. Der König fordert, daß er allein als Herrscher von Gottes Gnaden anerkannt wird. 6. Der König behauptet von sich: Der Staat bin ich! 7. Der König bestimmt, wer in Frankreich Bischof wird.	

Welche Bereiche von Gesellschaft und Politik werden in den Zitaten angesprochen?

_____   _____

_____   _____

_____   _____

Formuliere bitte einige Fragen zu dem Zeitalter des Absolutismus!

_____

_____

_____

2. Stunde:
Die politischen Grundlagen des absolutistischen Staates (Beispiel: Frankreich)

Zur didaktischen Funktion:

In dieser Stunde sollen wesentliche Merkmale eines absolutistischen Systems vermittelt werden. Die Neuartigkeit des in Frankreich entstandenen Staatsverständnisses und der Organisation der Verwaltung, das schon in der ersten Stunde angedeutet wurde, ist nun als „absolutistisch" zu identifizieren. Dabei dient die – notwendigerweise vereinfachte – Konfrontation mit mittelalterlichen Entscheidungsabläufen dazu, daß die Erkenntnis der Wesenszüge des Absolutismus erleichtert wird. Diese Konfrontation soll aber auch die didaktisch sinnvolle Frage nach den Ursachen für den Wandlungsprozeß vom mittelalterlichen zum absolutistischen Staat provozieren und – über den konkreten Anlaß hinaus – in den Vergleich geschichtlicher Epochen einführen.

Das Hin und Her zwischen den moderneren absolutistischen und den früheren Formen politischer Machtausübung durchzieht die ganze Stunde als leitendes Unterrichtsprinzip.

Ziele der Stunde:

Die Schüler erkennen als wichtige Merkmale eines absolutistischen Systems
a) die Ausschaltung bzw. Einschränkung der politischen Mitwirkung der Stände
b) die Schaffung eines modernen Beamtentums
c) die Einrichtung des stehenden Heeres
d) die Zentralisierung der Verwaltung
e) die Durchsetzung einer regelmäßigen und ergiebigen Besteuerung (und damit die Schaffung der finanziellen Grundlagen des modernen Staates)
f) die Herstellung der Glaubenseinheit als eine Voraussetzung für die angestrebte Homogenität des Staates.

Die Schüler erarbeiten
ein Modell für die vereinfachte Darstellung des Absolutismus;
anhand von Thesen zum Absolutismus eine Beschreibung des vorabsolutistischen Systems.

Verlaufsskizze:

Unterrichtsschritt 1:
Wiederaufnahme von Ergebnissen der 1. Stunde
Die in der vorangegangenen Stunde formulierten Fragen, die man von den Schülern – ihrem Interesse entsprechend – in eine Rangliste bringen lassen kann, werden wieder aufgegriffen und je nach Bereitschaft und Kompetenz der Klasse – hypothetisch – beantwortet. Hierbei ergeben sich erfahrungsgemäß unterschiedliche Vorschläge der Schüler, die

nun an geeigneten Materialien zu überprüfen sind. Auch die auftretenden Informationsdefizite sollte man in diesem Einleitungsgespräch festhalten und im Laufe der Stunde ausfüllen.
Diese Einleitung mündet in die Leitfrage: Worauf stützt sich die Herrschaft des absolutistischen Fürsten? Der Lehrer erläutert kurz das Gliederungsprinzip für diese Stunde, indem er die Rohform des „Säulenmodells" an die Tafel zeichnet und erklärt, daß man in diesem Unterrichtsabschnitt die Stützen („Säulen") des Absolutismus erarbeiten wird.

Unterrichtsschritt 2:
Erklären und Auswerten von Skizzen
Der Unterschied zwischen der absolutistischen und der vorabsolutistischen Herrschaftsform kann durch eine Gegenüberstellung vermittelt werden (Folie oder Hektographie). Zur Bearbeitung der Vorlage ist eine Stillarbeitsphase sinnvoll; die Auswertung erfolgt im Unterrichtsgespräch; dabei wird die erste Säule des bereits an die Tafel gezeichneten Modells beschriftet; außerdem werden die beiden ersten Thesen für das Tafelbild formuliert: Der König regiert allein. Königliche Beamte überwachen die Ausführung der Entscheidungen.

Möglicher Exkurs:
Die Versuche zur Zentralisierung der Verwaltung lassen sich durch geeignete Quellen weiter verdeutlichen; dazu bieten sich an
1. Regierungsgrundsätze Ludwigs XIV. (1661) (nach erinnern und urteilen 2, S. 10-6; Fragen an die Geschichte 3, S. 18, Q 8)
2. Ernennungsurkunde für einen Intendanten (nach erinnern und urteilen, S. 10-7)

Unterrichtsschritt 3:
Informationen und Unterrichtsgespräch über die Heeresreform
In einem knappen Überblick, der durch ein Schülerreferat gegeben werden kann, erhalten die Schüler folgende Informationen:
Unter Ludwig XIV. kam es zu einer enormen

Vergrößerung der französischen Armee, die zwischen 1665 und 1703 von 45 000 auf 400 000 Soldaten anstieg. Kein europäischer Staat konnte seit dem Altertum eine solche Heeresstärke aufweisen. Besonders wichtig ist dabei, daß ein großer Teil der Truppen nicht mehr bloß im Falle eines Krieges ausgehoben oder angeworben wurde, sondern daß die Soldaten jetzt ständig unter Waffen standen und so für den König jederzeit verfügbar waren. Sie erhielten eigene Uniformen und waren teilweise sogar in Kasernen stationiert.

Während früher die Offiziere in der Regel wohlhabende Adlige waren, die oft ihren Titel gekauft hatten, war es jetzt auch Angehörigen des Bürgerstandes möglich, bis zum Marschall der französischen Armee aufzusteigen. Da man auf die Ausbildung der Offiziere größten Wert legte, ging der Kauf von Offiziersstellen zurück, an die Stelle des Adligen trat immer häufiger der auf besonderen Kadettenanstalten, die zur Zeit Ludwigs XIV. eingerichtet wurden, geschulte, dem König treu ergebene Offizier aus dem Bürgerstand.

Auch in der Bewaffnung wurden wesentliche Neuerungen eingeführt; Ludwig XIV. ließ außerdem zahlreiche Festungen errichten und zum Schutz der Handelsflotte und der überseeischen Stützpunkte eine gewaltige Kriegsmarine aufbauen. Um die enormen Kosten für diese Neuerungen auf dem Gebiet des Heerwesens aufzubringen, mußte der König schließlich die Hälfte des Staatshaushaltes für sein Heer einsetzen.

Vorschläge für die Besprechung:
– Welche Vorteile hatte Ludwig XIV. von dieser Veränderung der Heeresverfassung?
– Welche Probleme entstanden aus diesen Neuerungen?

Man beschriftet die zweite Säule des vorgegebenen Modells und läßt die Schüler weitere Thesen formulieren, die etwa folgenden Wortlaut haben können: Das stehende Heer war immer einsatzbereit und gehorchte nur dem Befehl des Königs. – Die Ausgaben des Staates für das Heer stiegen gewaltig. – Das Militär nimmt einen besonderen Platz im Staate ein.

Unterrichtsschritt 4:
Quellenarbeit: Die Aufhebung des Edikts von Nantes (1685)
Eine gekürzte Wiedergabe der insgesamt 12 Artikel des sogenannten Edikts von Fontainebleau findet man z. B. in Fragen an die Geschichte 3, S. 22, Q 20 oder in Grundzüge der Geschichte, Quellenband I, S. 327f.
Zusammenfassung des Inhalts: Alle Kirchen der Hugenotten sind zu zerstören. – Nur noch katholische Gottesdienste sind erlaubt. Priestern, die sich nicht bekehren lassen wollen, ist die Auswanderung aus Frankreich gestattet. – Allen anderen wird unter Androhung strengster Strafen das Verlassen des Königreiches aus Glaubensgründen untersagt. Alle Kinder sollen katholisch erzogen werden.
Mögliche Auswertungsfragen:
– Welches Recht fordert der König für sich?
– Welche Vorteile versprach er sich wohl aus dieser Maßnahme?
Man beschriftet die dritte Säule an der Tafel und läßt auch zu diesem Komplex eine These formulieren:
Die einheitliche Kirche wurde in den Dienst der königlichen Herrschaft gestellt.

Empfohlener Exkurs: Kurzer Lehrervortrag über die empfindliche wirtschaftliche Schwächung Frankreichs durch die Auswanderung zahlreicher Hugenottenfamilien.

Unterrichtsschritt 5:
Formulierung und Besprechung von Thesen zur vorabsolutistischen Herrschaft
Die Klasse wird gebeten, zu den für den Absolutismus erarbeiteten Thesen, die an der Tafel festgehalten worden sind, entsprechende Feststellungen für die vorabsolutistischen Zustände zu finden. (Tafelbild)

Unterrichtsschritt 6:
Entwerfen einer Skizze
In einer Stillarbeitsphase entwerfen die Schüler selbständig – parallel zu unserem Säulenmodell – eine entsprechende Skizze für die vorabsolutistischen Herrschaftsverhältnisse. Im Unterrichtsgespräch wird darauf das Tafelbild vervollständigt.

Tafelbild (2. Stunde)

WORAUF STÜTZT SICH DIE HERRSCHAFT DES ABSOLUTISTISCHEN KÖNIGS?

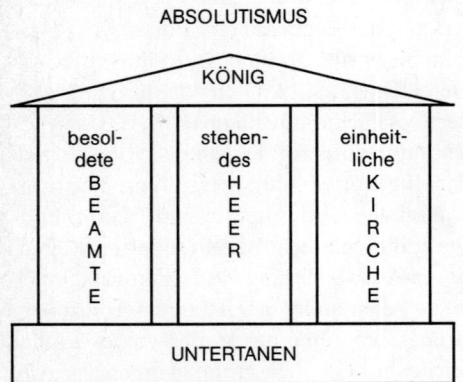

Thesen:

1. Der König regiert selbständig.
2. Vom König besoldete Beamte sorgen dafür, daß der Wille des Königs überall durchgesetzt wird.
3. Das stehende Heer war immer einsatzbereit und gehorcht nur den Befehlen des Königs.
4. Die einheitliche Kirche wurde in den Dienst der Herrschaft des Königs gestellt.

Thesen:

1. Der König ist von der Mitwirkung des Adels abhängig.
2. Der Adel kann in seinem eigenen Gebiet weitgehend selbständig herrschen.
3. Die Adligen hatten eigene Heere.
4. Die Kirche stand neben dem König.

30

WER ENTSCHEIDET IN FRANKREICH?

Vor Ludwig XIV. (bis 1661)	Zur Zeit Ludwigs XIV. (ab 1661)

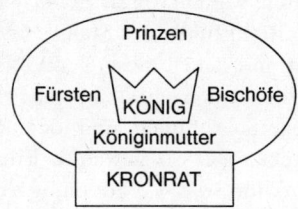 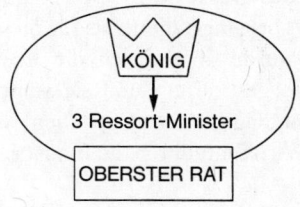

Entscheidung über die Regierung und die Verwaltung des Königreiches

Entscheidungen über die Regierung und die Verwaltung des Königreiches

Königliche Intendanten (besoldete Beamten) in den einzelnen Landesteilen überwachen

REGIONALE PARLAMENTE (vorwiegend Adlige)	REGIONALE PARLAMENTE (vorwiegend Adlige)

Ausführung der Entscheidungen des Kronrates und *eigener* Entscheidungen

Ausführung der Entscheidungen des Königs (und eigener Entscheidungen)

Wodurch unterscheiden sich die beiden Entscheidungsabläufe?

Vor Ludwig XIV.	Zur Zeit Ludwigs XIV.

_____ ◄► _____

_____ ◄► _____

_____ ◄► _____

3. bis 5. Stunde: Der Merkantilismus – die Wirtschaftsform des Absolutismus

Zur didaktischen Funktion:

Dieses Thema nimmt im Rahmen der Unterrichtseinheit Absolutismus eine bedeutende Stellung ein. Es ist von uns im vorgeschlagenen Gesamtentwurf (nur) mit etwa drei Unterrichtsstunden bedacht worden, kann aber je nach Interessenlage der Klasse oder Konzeption des Lehrers erweitert werden. (Die Ergänzungsvorschläge findet man bei der Beschreibung der einzelnen Unterrichtsstunden.)

Die Bedeutung des absolutistischen Wirtschaftssystems reicht weit über das Zeitalter des Absolutismus hinaus, weil hier Weichen für die moderne Entwicklung der europäischen Staaten und Gesellschaften gelegt wurden, die bis in die heutige Zeit die Richtung weisen. Dies gilt sowohl für die eigentliche wirtschaftliche Entwicklung als auch für die Rolle des Staates in bezug auf die Wirtschaft.

Die politische und die gesellschaftliche Gestalt des absolutistischen Zeitalters haben die Revolutionen des Bürgertums im 18. und 19. Jahrhundert beseitigt; die Basis für diese Revolutionen wurde aber durch die neue Wirtschaftsform geschaffen, und sie selber bildete die Grundlage für das Entstehen der neuzeitlichen Wirtschaft durch die Industrialisierung.

Dementsprechend legt unser Stundenentwurf die Schwergewichte auf folgende Themen:

1. die politische Seite des Merkantilismus; oder: die Bedürfnisse des absolutistischen Staates nach einer florierenden Wirtschaft und der Zugriff des Staates auf die Wirtschaft;
2. die technische Seite des Merkantilismus; oder: die Ablösung des bedarfsorientierten Handwerksbetriebs durch die bedarfweckende, arbeitsteilige Manufaktur;
3. die gesellschaftliche Seite des Merkantilismus; oder: das Entstehen der neuen Schichten des bürgerlichen Unternehmertums und der besitzlosen Arbeiterschicht.

Diese Inhalte sollen anhand der Zustände im französischen Staat aufgezeigt und erarbeitet werden, obwohl manche der Erscheinungen des Merkantilismus – weil dort unvermittelter und ohne vorabsolutistische Entwicklung – idealtypischer am Beispiel des brandenburg-preußischen Staates oder am Rußland Peters und Katharinas gezeigt werden könnten. Diese idealtypische Erarbeitung historischer Phänomene sollte aber der Oberstufe des Gymnasiums vorbehalten bleiben. Die Schüler der Mittelstufe sollten historische Erscheinungen besser einheitlich an einem Beispiel kennenlernen. (Diese „Beschränkung" findet auch Unterstützung in der Wissenschaft, wo eine einheitliche, für alle europäischen Staaten typische Form des „Merkantilismus" zumindest sehr umstritten ist; siehe dazu: Fritz Blaich, Die Epoche des Merkantilismus, Wiesbaden 1973.)

Um die oben genannten Inhalte herauszuarbeiten, wählen wir als Einstieg in das Thema die Bedürfnisse des Staates und die Methoden, mit denen diese Bedürfnisse befriedigt werden sollen und stellen die Frage nach dem Steueraufkommen und dem Steuersystem zurück. Der so gewählte Einstieg hat die Funktion, die Verkopplung von Staat und Politik mit der wirtschaftlichen Entwicklung zu zeigen. Es wird klar, daß der absolutistische Staat seine Reglementierung auch auf das Gebiet der Wirtschaft ausdehnt, daß der Ganzheitsanspruch des absolutistischen Herrschers nirgends seine Grenze findet. Dem altersbedingten Interesse der Schüler gemäß schieben wir eine Phase ein, in der mehr die technische Seite des Merkantilismus betont wird: Gegenüberstellung eines mittelalterlichen Handwerksbetriebes und der merkantilistischen Manufaktur. Hier sind Rückgriffe auf die mittelalterliche und Ausblicke auf die heutige industrielle Produktionsweise empfehlenswert.

Die abschließende Stunde über die Auswirkungen des Merkantilismus zeigt die wirtschaftlichen Schwächen des Systems, aber vor allem die Folgen für den gesellschaftlichen Aufbau des Absolutismus. Wir verzichten auf die historischen Auswirkungen der Umschichtung der Gewichte innerhalb der Gesellschaft durch das neue Wirtschaftssystem, da diese erst im späten 18. Jahrhundert eigentlich zum Tragen kommen und deshalb auch didaktisch besser als Einstieg in die Verhältnisse des Ancien Régime am Vorabend der Französischen Revolution dienen.

3. Stunde:
Die Wirtschaftsform
des Absolutismus

Vorbemerkung:

Die Stunde führt in das neue Wirtschaftssystem des Absolutismus ein, indem in ihr aufgezeigt wird, daß mit dem gestiegenen Geldbedarf des absolutistischen Staates für diesen die Notwendigkeit bestand, Einfluß auf die Wirtschaft des Landes zu nehmen.
Diese Notwendigkeit sollte nicht durch einen Lehrervortrag oder durch einen Lehrbuchtext vermittelt werden, sondern durch konkrete Zahlen. Nur so lernen die Schüler überzeugend kennen, daß wirtschaftliche Maßnahmen ihre konkreten Ursachen haben.
Gleichzeitig befähigt der Umgang mit Zahlenreihen und Tabellen die Schüler, sich eine Fertigkeit auf dem Gebiet der Umsetzung von Tabellen anzueignen.
Klassen, denen diese Art der Arbeit leicht von der Hand geht, können beide im Unterrichtsschritt 1 vorgegebene Tabellen umsetzen; unverzichtbar erscheint wenigstens eine dieser Stillarbeitsphasen.

Als Erweiterung dieses Themas ist eine Erarbeitung der historischen Gründe für den plötzlichen Ausgabenboom des französischen Staates zwischen 1699 und 1715 anhand einer Zeittafel über die politischen Ereignisse in dieser Zeit möglich: Kriege als Ursache der Staatsschulden. (Derartige Zeittafeln finden sich in fast allen gebräuchlichen Lehrbüchern; vgl. auch 9. Stunde.)

Ein im Gespräch mit den Schülern gefundenes Ergebnis, daß der Staat sein Geld letztlich aus der vorhandenen Produktion des Landes bezieht, führt zu der Einsicht, daß wirtschaftliche Kapazitäten gesteigert werden müssen.
Dieses Ergebnis leitet über zur 2. Phase der Stunde: dem Programm Colberts, das zunächst in seinen Grundsätzen anhand einer Quelle (Bericht an Ludwig von 1664) erarbeitet wird. Erst dann sollten die einzelnen Gesetze und Maßnahmen Colberts untersucht werden. Hierfür bieten sich verschiedene Wege an, von denen zwei vorgestellt werden sollen:

1. die wirtschaftlichen Maßnahmen Colberts werden aus Quellen oder anhand von Lehrbuchtexten arbeitsteilig oder nur als Illustration vom Lehrer vorgelesen und durch entsprechenden Tafelanschrieb festgehalten. (Geeignete Quellen finden sich in: erinnern und urteilen II, S. 10–12/13; Fragen an die Geschichte 3, S. 19; Politische Weltkunde I, 3, S. 51).
2. auf dem Arbeitsblatt werden die Maßnahmen und Gesetze Colberts vorgegeben, die Schüler ergänzen die sich daraus ergebenden Zwecke, die mit diesen Maßnahmen erreicht werden sollen.

Ziele der Stunde:

Die Schüler erkennen:
daß der Merkantilismus eine besondere Wirtschaftsform des Absolutismus ist, daß seine besondere Gestalt historisch bedingt ist;
daß der Merkantilismus eine Wirtschaftsform ist, die auf dem Handel beruht;
daß der Merkantilismus eine staatlich gelenkte Wirtschaftsform ist.

Die Schüler erarbeiten
aus Zahlenmaterial und dessen Umsetzung Notwendigkeiten für den Staat und dessen Eingreifen;
aus Quellen und Vorgaben sich praktisch ergebende Auswirkungen.

Verlaufsskizze:

Unterrichtsschritt 1:
Auswertung von Zahlenmaterial (Tabellen) mit dem Ziel, den Schülern Einsicht in den finanziellen Zustand des französischen Staates im 17. Jahrhundert zu vermitteln (s. Hektographie-Vorschlag)

I) Die Entwicklung der französischen Staatsausgaben
Die Berechnung ergibt:
in 62 Jahren (1547–1609): 38 Mio. Goldmark
in 90 Jahren (1609–1699): 59 Mio. Goldmark
in 16 Jahren (1699–1715): 82 Mio. Goldmark.
Die Auswertung kann aufgrund der bekannten Fakten im Unterrichtsgespräch erfolgen (Reaktivierung des bereits Gelernten):
Vor allem Ausgabensteigerung für stehendes Heer, königliche Beamte und königliche Hofhaltung.

Als 1. Erweiterung wäre möglich ein Umsetzen der Zahlen in eine Grafik mit den Koordinaten: Jahreszahlen/Mio. Goldmark durch eine Kurve, die den deutlichen Anstieg und die Jahre mit den auffälligsten Anstiegsknicken zeigt.
2. Erweiterungsmöglichkeit: Eingabe Colberts an Ludwig aus dem Jahre 1666, in der es heißt: „Der König habe seine Belustigungen und die staatlichen Notwendigkeiten, v. a. der Kriegsführung so miteinander vermengt, daß beide kaum noch voneinander zu trennen seien. Selbstverständlich seien beide Arten von Ausgabe notwendig, aber der Finanzminister gebe doch Seiner Majestät zu bedenken, daß die Ausgaben für königliche Spielverluste, Feste, Gastmähler und Bankette über 300 000 Livres betrügen, zusätzlich zu den rund 200 000 Livres, die der königliche Marstall koste." (nach erinnern und urteilen II, S. 10–12)
3. (wesentliche) Erweiterungsmöglichkeit: historische Einordnung der Ausgabensteigerung anhand einer Zeittafel (s. Vorbemerkung).

Die Gründe für die Ausgabensteigerung sind als Tafelanschrieb festzuhalten.

II) Der französische Staatshaushalt 1678
Die Auswertung der gestellten Aufgaben ergibt:
1. ein Defizit von 30 Mio. Livres
2. die Einnahmen sind zu steigern.

Hieran schließt sich ein Unterrichtsgespräch über die Möglichkeiten der Einnahmen eines Staates an; erwartete Schülerantworten: Steuern, Zölle, eigene Betriebe.
Die Hauptmasse der Einnahmen stellen die Steuern dar; dieses Geld muß erst erarbeitet werden, und zwar durch die Produktion eines Landes.
Das ergibt für Frankreich im 17. Jahrhundert:
landwirtschaftliche Produktion und handwerkliche Produktion. Wesentlich erhöht werden kann eigentlich nur die handwerkliche Produktion. Die Ergebnisse dieses Unterrichtsgesprächs sollten im Tafelanschrieb festgehalten werden (Nebentafel).

Unterrichtsschritt 2:
Auswerten einer Quellenstelle: Denkschrift Colberts von 1664
Colbert stellt hier fest, daß es „einzig und allein der Reichtum an Geld" sei, der die Macht eines Staates ausmache. Die Ausfuhr von Geld für den Import ausländischer Waren sei das Grundübel (jährlich flössen aus Frankreich 12–18 Millionen Livres ins Ausland). Deshalb müßten diese „Goldminen" des Landes erhalten werden. Der Verbrauch ausländischer (speziell holländischer) Waren in Frankreich müsse verringert werden. Nur so könne „Macht, Größe und Wohlhabenheit" Frankreichs erhöht werden (nach: erinnern und urteilen II, S. 10–12/13).
Die Quellenstelle findet sich auch in verschiedenen Lehrbüchern: erinnern und urteilen II, S. 10–12/13; Fragen an die Geschichte 3, S. 19; Geschichtliche Weltkunde 2, S. 65/66; Zeiten und Menschen B 3, S. 12.
Das Programm Colberts läßt sich gut in einer Skizze (auch an der Tafel) festhalten (s. Ar-

beitsblatt): Die eingezeichneten Symbole für „Geld" und „Waren" sind mit verschiedenen Farben verschieden groß auszufüllen, so daß klar herauskommt: wenig Geld, viel Waren aus Frankreich hinaus und viel Geld und wenig Waren aus den anderen Staaten nach Frankreich. (Einführung der Begriffe „Export" und „Import")

Damit wird klar:

das Wirtschaftssystem soll auf dem Handel beruhen,

die Grundlage bildet der „Reichtum an Geld" in einem Staat.

Colberts Lösungsvorschlag ist also eine Vermehrung des Geldbesitzes in Frankreich durch Handel (Tafelanschrieb).

Unterrichtsschritt 3:

Stellungnahme zu einem Satz Colberts und selbständiges Ergänzen von vorgegebenen Angaben

(Alternativen zu diesem Unterrichtsschritt: s. Vorbemerkungen.)

Colbert erklärt in seiner o. g. Denkschrift, daß noch nie ein Monarch sich mit wirtschaftlichen Fragen beschäftigt habe. Dieser Satz soll den König darauf hinweisen, daß der Staat/der König sich um die Belange der französischen Wirtschaft kümmern solle, daß die Beschäftigung mit wirtschaftlichen Fragen nicht unter der Würde eines Königs liege.

Das führt zum ersten Ergebnis dieses Unterrichtsschrittes:

Der französische König greift in die Geschicke der Wirtschaft ein: der Merkantilismus ist eine staatlich gelenkte Wirtschaft (Tafelanschrieb).

Die Auswertung der Hektographie-Vorgabe durch die Schüler könnte folgendes Ergebnis bringen:

1. besserer Handel in ganz Frankreich möglich
2. rascherer, sicherer und billigerer Transport von Waren
3. einheitliches Wirtschaftsgebiet in Frankreich
4. Einschränkung des Imports von Fertigwaren, Schutz der einheimischen Produktion / des einheimischen Gewerbes vor ausländischer Konkurrenz
5. Rohstoffe bleiben in Frankreich und sollen dort zu Fertigwaren verarbeitet werden
6. Geld bleibt in Frankreich, damit dem Staat keine Einnahmen entgehen
7. der einheimischen Industrie dürfen keine Arbeitskräfte verlorengehen
8. eigene und damit billigere Rohstoffe für Frankreich
9. eigener und damit billigerer Transport von Rohstoffen aus den Kolonien und von Fertigwaren ins Ausland
10. billige Produktion und bessere Konkurrenzfähigkeit gegenüber dem Ausland
11. billige Versorgung der Arbeiter in den Städten mit Lebensmitteln.

(Das Lehrbuch „Menschen in ihrer Zeit" 3 bringt auf S. 12 eine ähnliche Tabelle, wie wir sie auf dem Arbeitsblatt vorschlagen; allerdings werden hier die „Zwecke" z. T. bereits genannt.)

Diese „Zwecke" der Maßnahmen und Gesetze Colberts dienen alle seinem bereits erarbeiteten Grundsatz:

„Vermehrung des Geldbesitzes in Frankreich" und damit der Einnahmen für die Staatskasse durch Steigerung der Produktion von Fertigwaren (Tafelanschrieb).

Dieser letzte Unterrichtsschritt kann auch als Hausaufgabe gestellt werden.

Tafelbild (3. Stunde)

DIE WIRTSCHAFTSFORM DES ABSOLUTISMUS

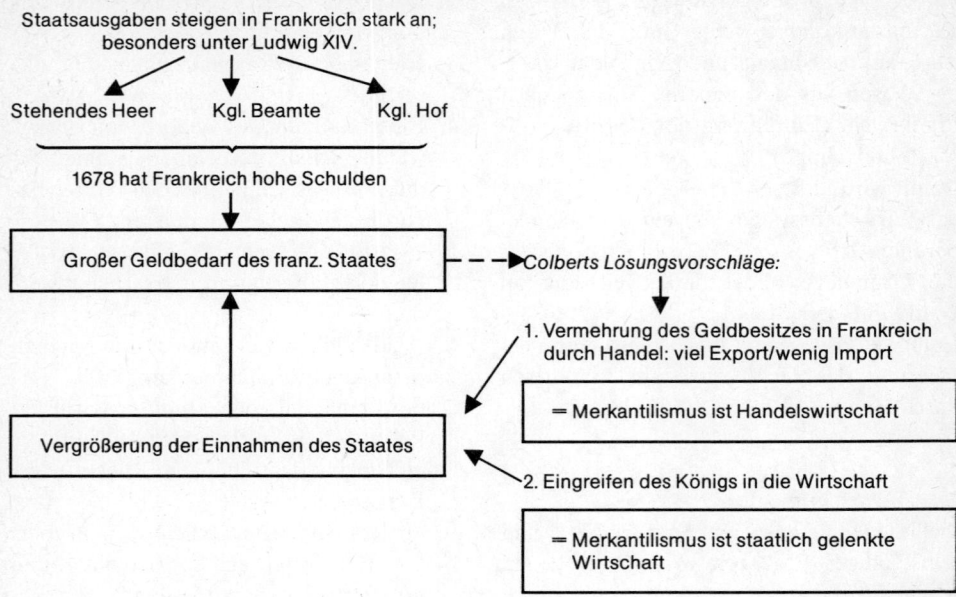

Staatsausgaben steigen in Frankreich stark an;
besonders unter Ludwig XIV.

Stehendes Heer   Kgl. Beamte   Kgl. Hof

1678 hat Frankreich hohe Schulden

| Großer Geldbedarf des franz. Staates |

- - - ►*Colberts Lösungsvorschläge:*

1. Vermehrung des Geldbesitzes in Frankreich
   durch Handel: viel Export/wenig Import

| = Merkantilismus ist Handelswirtschaft |

| Vergrößerung der Einnahmen des Staates |

2. Eingreifen des Königs in die Wirtschaft

| = Merkantilismus ist staatlich gelenkte Wirtschaft |

Vorschlag für ein Arbeitsblatt (3. Stunde)

DAS WIRTSCHAFTSSYSTEM DES ABSOLUTISMUS: DER MERKANTILISMUS

I) Die Entwicklung der französischen Staatsausgaben:

1547:	König Franz I.:	40 Millionen Goldmark
1609:	König Heinrich IV.:	78 Millionen Goldmark
1699:	König Ludwig XIV.:	137 Millionen Goldmark
1715:	König Ludwig XIV.:	219 Millionen Goldmark

Aufgabe: Berechne bitte die Steigerungsrate der Staatsausgaben zwischen den angegebenen Daten!

Zeitraum in Jahren   Zunahme
_____
_____
_____
_____

II) Der französische Staatshaushalt 1678:
Einnahmen: 99,5 Mio. Livres   Ausgaben:
                                               98,0 Mio. Livres für das Heer
                                               29,0 Mio. Livres für den Hof
                                               2,5 Mio. Livres für Sonstiges

Aufgaben: 1. Vergleiche bitte die Einnahmenseite mit der Ausgabenseite! Was stellst du fest?
           2. Überlege bitte, welche Maßnahmen der französische König und sein Finanz- und
              Wirtschaftsminister in dieser Lage treffen mußten?

36

III) Aus dem Programm des französischen Finanz- und Wirtschaftsministers Colbert von 1664:
„Ich glaube, man wird ohne weiteres in dem Grundsatz einig sein, daß es einzig und allein der Reichtum an Geld ist, der die Unterschiede an Größe und Macht zwischen den Staaten begründet. Was dies betrifft, so ist es sicher, daß jährlich aus Frankreich einheimische Erzeugnisse für den Verbrauch im Ausland im Wert von 12 bis 18 Millionen Livres hinausgehen. Das sind die Goldminen unseres Königreiches, um deren Erhaltung wir uns sorgfältig bemühen müssen...
Je mehr wir die Handelsgewinne, die die Holländer den Untertanen des französischen Königs abnehmen, und den Konsum der von ihnen eingeführten Waren verringern können, desto mehr vergrößern wir die Menge des bereitstehenden Bargeldes und vermehren wir die Macht, Größe und Wohlhabenheit des Staates."

Aufgaben:
Unterstreiche bitte im Text die zwei entscheidenden Aussagen Colberts und ergänze folgende Skizze aufgrund des Textes:

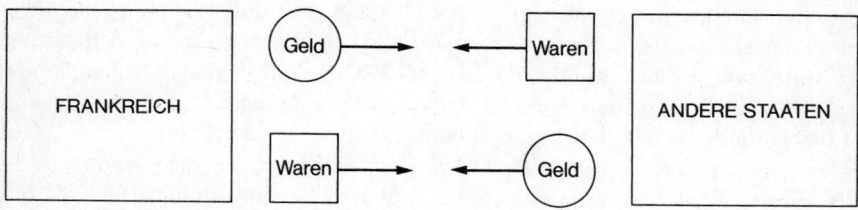

IV) Maßnahmen Colberts:
1) Aus der obigen Denkschrift Colberts an König Ludwig XIV.:
„Es ist unbestreitbar, Sire, daß sich in der gesamten alten und modernen Geschichte kein Beispiel dafür findet, daß große und mächtige Staaten wie der Eurer Majestät sich jemals mit dem Handel befaßt hätten."

2) Gesetze und Verordnungen: Zweck:

1. Maße und Gewichte werden in ganz Frankreich vereinheitlicht.

2. Hafenanlagen und Kanäle werden gebaut.
3. Zollschranken innerhalb Frankreichs werden aufgehoben.
4. Aus dem Ausland eingeführte Waren werden mit hohen Zöllen belegt.

5. Die Ausfuhr von Rohstoffen wird verboten.
6. Die Ausfuhr von Geld wird bei Todesstrafe verboten.
7. Die Auswanderung von Arbeitskräften wird untersagt.

8. Der Erwerb von Kolonien wird gefördert.

9. Eine Handelsflotte wird geschaffen.

10. Die Arbeitslöhne werden niedrig gehalten.

11. Der Brotpreis wird niedrig gehalten.

4. Stunde:
Die Manufaktur
– kein Stundenblatt –

Vorbemerkung:

Mindestens eine Unterrichtsstunde soll am Beispiel der „Manufakturen" die praktische Auswirkung der Colbertschen Wirtschaftsvorstellungen zeigen.

Die Beschränkung auf diesen Sektor der gesamten Wirtschaftsmaßnahmen des absolutistischen Frankreichs erscheint sinnvoll, da Schüler der Mittelstufe sich lieber und wohl auch besser intensiv mit einem überschaubaren Thema beschäftigen als mit global erarbeiteten oder gar nur vorgetragenen Erscheinungen. Zudem werden die infrastrukturellen Maßnahmen des Absolutismus (Bau von Straßennetzen, Kanälen usw.) in den meisten Lehrbüchern für das Fach Französisch dargestellt und dort auch im Rahmen des landeskundlichen Unterrichts behandelt.

Die Manufakturen als Phänomen der neuen Wirtschaftsform eignen sich aus mehreren Gründen als Unterrichtsgegenstand.

An ihnen können die wesentlichen Erneuerungen dieser historischen Erscheinung gezeigt werden, die auch das Thema der Unterrichtsstunde sein sollen:
1. der staatliche Eingriff in die Wirtschaft,
2. die Änderung der Arbeitswelt,
3. die Frage, wer Nutzen aus dieser Änderung zieht.

Obwohl alle drei Aspekte zum Zuge kommen müssen, sollte das Hauptgewicht auf dem technischen Ablauf in der Produktionsstätte „Manufaktur" liegen oder auf der mehr abstrakteren Fragestellung nach der besonderen Ausprägung der Manufaktur-Produktion im Vergleich zu den ganz anders gearteten Produktionsmethoden des vorabsolutistischen Handwerksbetriebs.

Möglicher Stundenverlauf

Unterrichtsschritt 1:
Welcher Einstieg in dieses Thema gewählt wird, hängt nicht zuletzt von der Möglichkeit der Materialbeschaffung für den Unterricht ab. Wer die Möglichkeit hat, wird wohl mit einem Vergleich von Abbildungen eines mittelalterlichen Handwerksbetriebs und einer merkantilistischen Manufaktur beginnen; allein schon wegen der höheren Motivation der Schüler.

Hierfür gibt es viele Möglichkeiten, von denen die wichtigsten aufgezählt werden sollen: *Dia-Reihe* „Absolutismus und Aufklärung II" im V-Dia-Verlag, Bilder: Holländischer Heimwerker – Spinnsaal einer Tuchmanufaktur;

Lehrbücher: Fragen an die Geschichte 3, S. 20: Werkstatt eines Stellmachers – Rasiermessermanufaktur; erinnern und urteilen II, S. 7–15: Schreinerwerkstatt – S. 10–13: Spielkartenmanufaktur; Der Mensch und seine Welt 2, S. 41: Wollweber – S. 145: Gobelinmanufaktur; Die Reise in die Vergangenheit 2, S. 80: Schreinerwerkstatt – S. 174/175: Rasiermessermanufaktur; Zeiten und Menschen B, Band 2; S. 84: Schuhmacherei – Band 3, S. 10/11: Rasiermessermanufaktur.

Die angeführten Abbildungen sind nicht alle gleich gut geeignet für den angestrebten Vergleich. Ziele des Bildervergleichs sollten die veränderten Arbeitsbedingungen und die neue Wirtschaftsform sein: fortgeschrittene Arbeitsteilung und Bedarfsweckungswirtschaft. Um diese Ziele zu erreichen, sind die Abbildungen vor allem unter den Fragestellungen nach den Arbeitsvorgängen, den Arbeitsmethoden (Werkzeuge, „Maschinen", Kraftgewinnung), der Zahl der beschäftigten Arbeiter, d. h. der Produktionsweise, auszuwerten. In einigen der o. g. Lehrbücher finden sich dafür geeignete Fragestellungen unter den Abbildungen. Besonders erwähnenswert ist die Arbeitsanleitung zum Herausarbeiten des Unterschieds zwischen mittelalterlichem Handwerk und dem Arbeiter in der Manufaktur in „Die Reise in die Vergangenheit" 2, S. 175.

Unterrichtsschritt 2:
Die Unterschiede in den Wirtschaftsformen werden am besten im Unterrichtsgespräch erarbeitet und könnten im folgenden Tafelbild festgehalten werden:

MITTELALTERLICHER HANDWERKSBETRIEB:

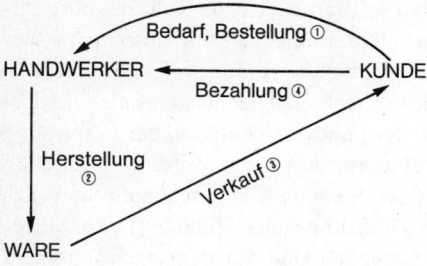

Der Handwerker produzierte auf Bestellung des Kunden:

BEDARFSDECKUNGS-WIRTSCHAFT

MERKANTILISTISCHE MANUFAKTUR:

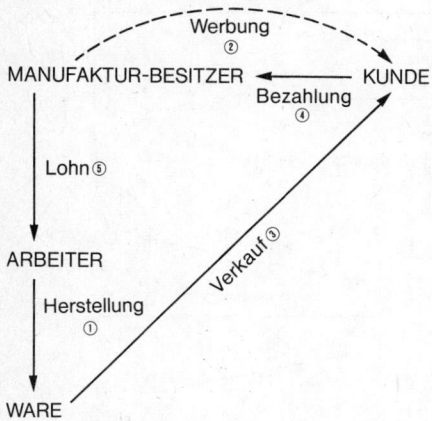

Die Manufaktur produzierte auf Vorrat; Kunden müssen geworben werden:

BEDARFSWECKUNGS-WIRTSCHAFT

Ein derartiger Vergleich setzt natürlich, wenn er für die Schüler in der Kürze der Zeit einen Sinn haben soll, die frühere Beschäftigung mit wirtschaftlichen und arbeitstechnischen Fragen des Mittelalters voraus. In Klassen, in denen derartige Fragen bei der Behandlung des Mittelalters nicht erarbeitet wurden, beschränkt sich die Beschäftigung mit diesem Thema wohl besser auf eine detaillierte Beschreibung der Arbeitsbedingungen in einer Manufaktur.

Eine sinnvolle Ergänzung dieses Vergleichs könnte eine Konfrontation mit der Arbeitswelt in einem Industriebetrieb abgeben. Bildmaterial hierfür ist in fast allen gängigen Lehrbüchern oder Dia-Reihen über die Industrielle Revolution zu finden; denkbar wäre an dieser Stelle auch der Besuch eines Industriebetriebs.

Unterrichtsschritt 3:
Die Arten des staatlichen Eingriffs in die Wirtschaft sollten anhand von Privilegien und Instruktionen am Beispiel der Manufakturen erarbeitet werden.

Auch hier bieten sich Quellen in Lehrbüchern an: erinnern und urteilen II, S. 10–12 und S. 10–13; Fragen an die Geschichte 3, S. 20 und S. 21; sowie in Albers, Der europäische Absolutismus, S. 29.

Wer sich nicht mit den kurzen Bemerkungen über den staatlichen Eingriff in die Wirtschaft begnügen will, kommt um eine Beschäftigung mit den o. g. Quellen nicht herum.

Anhand dieser Quellen können die Gründe für die Einrichtung von Manufakturen sehr anschaulich aus den Vorschlägen Colberts an Ludwig XIV. und/oder aus dem königlichen Privileg für den Holländer Robais aufgezeigt werden. Das intensive Maß der staatlichen Aufsicht über die Wirtschaft kann ebenfalls anschaulich deutlich gemacht werden.

Nicht vergessen werden sollte der Blick auf den Wirtschaftszweig, der das Stiefkind des Merkantilismus war: die Landwirtschaft. Die Frage der Höchstpreise für landwirtschaftliche Erzeugnisse bildete ein wesentliches Element merkantilistischer Wirtschaftspolitik. Colbert erklärte dazu: „Der Preis der Lebensmittel wird auf den Wert heruntergesetzt, welcher für die…, die diese Lebensmittel verzehren wollen, durch die nach ihrer Arbeit geäußerte Nachfrage bestimmt worden ist." Das heißt, die Grundnahrungsmittel müssen so billig sein, daß der geringe Lohn des Manufakturarbeiters ausreicht, ihn und seine Familie zu ernähren.

Unterrichtsschritt 4:
Spätestens an dieser Stelle kann das Tafelbild „Stützen der absolutistischen Herrschaft" durch die letzte Säule ergänzt werden:

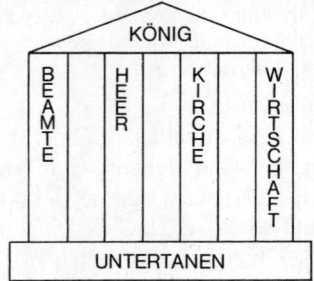

Unterrichtsschritt 5:
Den Abschluß dieses Themas und die Überleitung zu der Frage nach den gesellschaftlichen Auswirkungen des Merkantilsystems bildet die Frage danach, wer aus diesem System den größten Nutzen zieht. Als Vorbereitung hierzu dient die Skizze des vorgeschlagenen Arbeitsblatts, die als Hausaufgabe gestellt werden kann. Sie zeigt zusammenfassend das System der staatlich gelenkten Wirtschaft und deren Funktionieren, dient damit also auch der Lernkontrolle. Weiter soll daran die neue Rolle des bürgerlichen „Unternehmers" im absolutistischen Staat erarbeitet werden und die Schwachstelle des Colbertschen Systems, der Niedergang der Landwirtschaft und die Verarmung der Bauern, aufgezeigt werden. Schließlich wird die Stellung des Adels außerhalb des Wirtschaftskreislaufs deutlich. (Die erwarteten Lösungen sind auf dem nachstehenden Arbeitsblattvorschlag kursiv gedruckt.)

Vorschlag für ein Arbeitsblatt als Hausaufgabe:

DIE BEDEUTUNG DER MANUFAKTUREN FÜR DEN ABSOLUTISTISCHEN STAAT

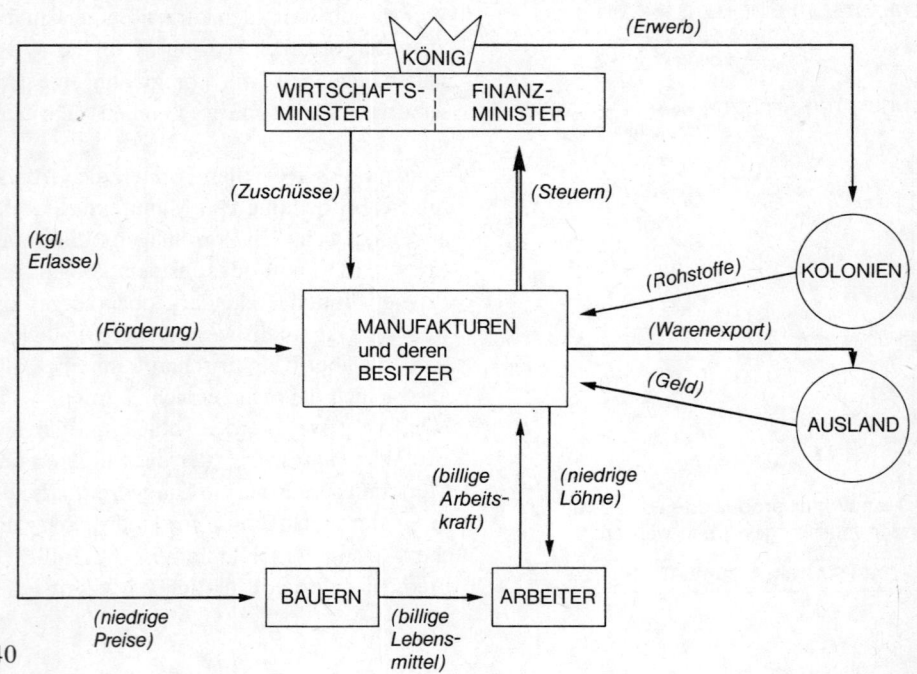

Aufgaben:
1. Kennzeichne bitte die eingetragenen Pfeile mit den fehlenden Bezeichnungen (z. B. Steuern).
2. Stelle bitte fest:
   Wer zieht Nutzen aus diesem System?_____

   _____

   _____

   Wer erleidet Schaden?_____

   _____

   _____

3. Kannst du feststellen, welcher gesellschaftliche Stand fehlt? Warum ist er in dieser Skizze nicht enthalten?

   _____

   _____

   _____

5. Stunde:
Der Merkantilismus und die absolutistische Gesellschaft

Vorbemerkung:

Die Stunde soll die Bedeutung der wirtschaftlichen Struktur für die Gesellschaft, aber auch das Weiterbestehen der feudalen Ständegesellschaft im Absolutismus zeigen. Insofern weist sie bereits auf Probleme hin, die am Ende des 18. Jahrhunderts zur bürgerlichen Revolution in Frankreich führten, ohne daß aber diese Fragen in unserem Zusammenhang erörtert werden sollen.
Die Besprechung der Hausaufgabe zeigt noch einmal die Bedeutung wirtschaftlicher Zustände für Staat und Gesellschaft, führt aber zugleich auf das eigentliche Thema der Stunde hin.

Die Schüler sollen hier bereits erkennen, daß eine wichtige Gesellschaftsschicht in einem Bereich der staatlichen Wirklichkeit gänzlich abseits steht.
Die unterschiedliche Beurteilung der Stellung der Stände im Absolutismus durch drei verschiedene Autoren soll die Schüler neben der inhaltlichen Bedeutung für unser Thema mit der Frage vertraut machen, daß Beurteilungen auch immer von der Perspektive und der Intention des Verfassers abhängen. Die Relativität der Aussagen sollte im aufschließenden Unterrichtsgespräch deutlich herausgestellt werden.
Wer für die Problematik der sozialen Unterschiede in der absolutistischen Gesellschaft mehr Zeit aufwenden möchte, sollte an dieser Stelle auf das Steuersystem des absolutistischen Staates und auf dessen gesellschaftliche und wirtschaftliche Folgen zu sprechen kommen. In der nachfolgenden Stundenver-

lauf-Skizze ist eine solche Erweiterung vorgeschlagen.

Die nächste Phase der Stunde stellt mehr instrumentales Lernen in den Mittelpunkt. Das Einüben von Umsetzaufgaben (hier: absolute Zahlen über die Bevölkerungszusammensetzung in Prozentgrößen und diese wiederum in ein Schaubild) darf in seiner Bedeutung für den Geschichtsunterricht nicht unterschätzt werden.

Schließlich sollte sich in seinem abschließenden Unterrichtsgespräch über die gesellschaftlich/politische Stellung der Stände und ihrer wirtschaftlichen Bedeutung zeigen, daß die Schüler die Problematik der in der Stunde erarbeiteten Zustände im absolutistischen Frankreich erkannt haben.

Bei vorhandenem Interesse der Schüler an soziologischen Fragestellungen sollte ein Exkurs über die Schichtung der Gesellschaft in der Bundesrepublik Deutschland gewagt werden. Ein entsprechender Vorschlag findet sich in der Verlaufsskizze.

Ziele der Stunde:

Die Schüler erkennen,

daß die Manufaktur im Mittelpunkt der merkantilistischen Wirtschaftspolitik steht;

daß historische Beurteilungen vom Standpunkt und von der Intention des Autors abhängen;

daß die absolutistische Gesellschaft eine statische Ständegesellschaft war;

daß zwischen der absolutistischen Gesellschaft und der neuen Wirtschaftsform Widersprüche liegen.

Die Schüler lernen,

aus zeitgenössischen Texten Beurteilungskriterien zu gewinnen;

Informationen in skizzenhafte Abstraktionen umzusetzen;

aus gefundenen Ergebnissen Beurteilungen bilden.

Verlaufsskizze

Unterrichtsschritt 1:

Die Stunde beginnt mit einer ausführlichen Besprechung der Hausaufgabe. Dazu ist die Vorbereitung eines kleinen Foliensatzes empfehlenswert, der die erwarteten Bezeichnungen der Skizzenpfeile des Arbeitsblattes enthält (s. Arbeitsblatt 4. Stunde).

Die Auswertung läßt deutlich werden, daß alle wirtschaftspolitischen Maßnahmen des absolutistischen Staates auf die Manufakturen zugeschnitten sind, daß diese also – wie auch auf der Skizze grafisch verdeutlicht – den Mittelpunkt der merkantilistischen Wirtschaft bilden. Direkte Förderung und Subventionen und indirekte Maßnahmen, wie Erwerb von Kolonien als Rohstofflieferanten, Handelsbeziehungen mit dem Ausland, königliche Erlasse zur Festlegung der Lebensmittelhöchstpreise usw. dienen dem Ausbau der manufakturellen Produktion. Das Ergebnis der Aufgabe 2 zeigt die große wirtschaftliche Bedeutung der Manufakturbesitzer für den König. (Die Errichtung staatseigener Manufakturen kann in diesem Zusammenhang vernachlässigt werden.) Ebenso deutlich wird, daß das merkantilistische System auf Kosten der Landwirtschaft geht. Die Bauern dienen sozusagen nur als Zulieferer billiger Nahrungsmittel, obwohl die Mehrzahl der Einwohner Frankreichs Landbewohner waren. Die wirtschaftliche Fürsorge des absolutistischen Staates trifft also nur auf einen kleinen Teil der Gesamtbevölkerung. Sie wurde ja schließlich auch nicht als soziale Verpflichtung verstanden, sondern hatte wirtschaftliche Beweggründe. Schließlich zeigt die Auswertung der Aufgabe 3, daß Adel und Kirche (1. und 2. Stand) aus dem Wirtschaftskreislauf völlig ausgeschlossen sind.

Unterrichtsschritt 2:

Auswertung von drei Texten über die Frage: Wie wird die Stellung der Gesellschaftsschichten damals gesehen?

Kurze Vorstellung der Textinhalte:
Kardinal Richelieu sieht in seinem politischen Testament die Stellung von Adel und Volk etwa so: „Der Adel ist der wichtigste Stand für den König. Er ist für die Erhaltung eines Staates notwendig, da er der Krone ‚mit Schwert und Leben‘ dient. Deshalb müssen ihm seine Privilegien (Vorrechte) erhalten werden: Steuerfreiheit, Abgaben und Frondienste der Bauern.
Das Volk dagegen ist die unterste Schicht. Weil es wegen seiner geringen Bildung bei besseren Lebensbedingungen sich nicht an die überkommene Ordnung hält, muß es durch Zwang in Schranken gehalten werden."
(nach: Albers, Der europäische Absolutismus, S. 25 und S. 29)

Der bürgerliche Schriftsteller Jean de La Bruyère beurteilt den Adel so: „Die Adligen kümmern sich weder um die Interessen des Staates noch eigentlich um ihre eigenen, sondern überlassen dies dem Bürgertum und den Verwaltern ihrer großen Güter. Sie sind sogar noch stolz darauf, von politischen und wirtschaftlichen Vorgängen nichts zu verstehen. Sie leben nur ihren Vergnügungen. Ihr Leben erschöpft sich darin, Feste zu feiern und sorglos in Saus und Braus zu leben."
(nach: Politische Weltkunde I 3, S. 53)

Die Meinung von Ludwigs Festungsbaumeister Vauban (in seiner Denkschrift von 1698) kann so wiedergegeben werden: „Der 3. Stand erhält den König und das ganze Land durch seine Arbeit, seinen Handel und seine Steuerabgaben. Das Volk nämlich erarbeitet den Wohlstand des Staates durch gewerbliche Produktion, durch Handel, durch landwirtschaftliche Erzeugnisse. Wer denn sonst als das Volk stellt die Arbeiter, die Kaufleute, die Bauern und die Tagelöhner auf dem Land; woher, wenn nicht aus dem Volk kommen die Soldaten und Matrosen, die das Land schützen?"
(nach: erinnern und urteilen II, S. 10–15)

Im Unterrichtsgespräch erarbeitete Ergebnisse des Vergleichs sollten in einem Raster an der Tafel festgehalten werden.
Zur weiteren Erschließung der Texte können folgende Fragestellungen dienen: Erklärung der unterschiedlichen Beurteilungen durch die verschiedenen Perspektiven und Intentionen der Autoren. Richelieu geht von den politischen und gesellschaftlichen Zielvorstellungen des Staates aus; La Bruyère und Vauban geben die sozialen und ökonomischen Erscheinungsbilder wieder. Richelieu spricht als praktizierender Politiker, der den Status quo erhalten will, La Bruyère als bürgerlicher Kritiker der feudalen Gesellschaft; Vauban schließlich will den König auf Mißstände in der französischen Wirtschaft aufmerksam machen.

Eine sinnvolle Erweiterung, wenn für dieses Thema mehr als eine Unterrichtsstunde verwandt werden soll, ist die Erklärung des Steuersystems des absolutistischen Staates durch Lehrervortrag oder durch Heranziehen des entsprechenden Kapitels im Lehrbuch.
Als Einstieg könnte – wenn auch mit „historischen" Bedenken – das Flugblatt von 1789 „Der Bauer trägt den 1. und 2. Stand" dienen. (Am besten als Dia vorgeführt, da die entsprechenden Abbildungen in den Lehrbüchern – richtigerweise – beim Kapitel „Französische Revolution" zu finden sind.) Die Auswertung des Bildes ergibt die wesentlichsten Gesichtspunkte: Lastträger ist der Bauer (dem nebenher auch noch Schaden zugefügt wird: die Hasen fressen seinen Kohl; Hinweis auf das Jagdprivileg des Adels möglich), getragen werden muß der 1. und 2. Stand (vgl. Ludwig Greber/Karl-Heinz Wurster, Stundenblätter Die Französische Revolution, Stuttgart 1980, S. 24).
Die Einnahmen des absolutistischen Staates in Frankreich resultierten in unserem Zeitraum zu ca. 65% aus indirekten Steuern (z. B. Verbrauchssteuern auf Salz, Wein etc.) und zu 35% aus direkten Steuern (Kopfsteuer, Einkommensteuer). Direkte Steuern zahlte nur der 3. Stand, Kirche und Adel waren einkommensteuerfrei.
Über die sozialen und finanzpolitischen Auswirkungen dieses Systems gibt es zahlreiche zeitgenössische Berichte. Wir verweisen auf Berichte in den Lehrbüchern: erinnern und urteilen II, S. 10–15; Fragen an die Geschichte 3, S. 17; Geschichtliche Weltkunde 2, S. 60.

In diesem Zusammenhang ist eine Aktualisierung des Themas möglich: Die Schüler erhalten den Auftrag, sich zu Hause, an Tankstellen, in Lebensmittel- und Tabakwarengeschäften nach Waren zu erkundigen, auf denen auch heute indirekte Steuern lasten. Eine Besprechung der Ergebnisse müßte die steuerpolitische Notwendigkeit und die gesellschaftspolitischen Zielvorstellungen der indirekten Steuern klarstellen.

Unterrichtsschritt 3:
Information über die Bevölkerungszusammensetzung im absolutistischen Frankreich (s. Arbeitsblatt-Vorschlag oder: Fragen an die Geschichte 3, S. 17, Geschichtliche Weltkunde 2, S. 60, Zeiten und Menschen B 3, S. 7)

Die Umrechnung der absoluten Zahlen in Prozentzahlen ergibt:
1. Stand = ca. 0,5%
2. Stand = ca. 1,5%
3. Stand = ca. 98,0%.

Die Ergebnisse werden in der Hektographie oder als Tafelbild festgehalten.

Unterrichtsschritt 4:
Vergleich zwischen gesellschaftlicher Stellung und politischer Bedeutung der Stände

Vorschlag für ein Arbeitsblatt (5. Stunde)

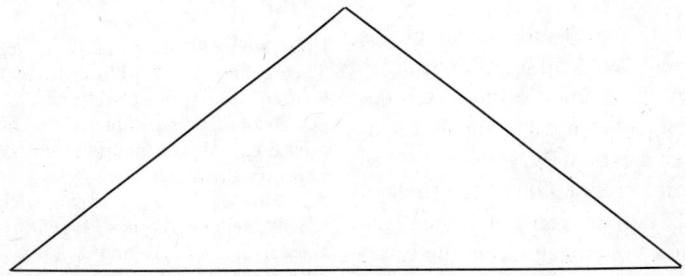

DIE ZUSAMMENSETZUNG DER FRANZÖSISCHEN BEVÖLKERUNG IM ABSOLUTISMUS

Frankreichs Bevölkerung war in drei Stände aufgeteilt. Die Geistlichkeit (der Klerus) gehörte zum 1. Stand. Von diesem besaß die hohe Geistlichkeit (Erzbischöfe, Bischöfe und Äbte) riesige Landgüter, die etwa 10% des gesamten Grundbesitzes des Landes ausmachten. Sie bezogen hohe Einkünfte aus dem Kirchenzehnten, den die Bauern zu zahlen hatten. Die niedere Geistlichkeit (Gemeindepfarrer) hatte meist nur ein bescheidenes Einkommen. Zum 1. Stand gehörten etwa 130 000 Personen.

Der Adel bildete den 2. Stand. Er hatte die höchsten Ämter im Staat inne und besetzte alle hohen Befehlsstellen im Heer. Die Adligen hatten riesige Einkünfte durch ihre Güter, deren Verwalter Abgaben und Dienste von den Bauern erhoben. Daneben erhielten die Adligen königliche Pensionen und Schenkungen. Dieser Stand umfaßte etwa 350 000 Personen.

Zum 3. Stand gehörten sozial sehr unterschiedliche Schichten: das wohlhabende Bürgertum, Handwerker, Bauern und Landarbeiter, die Arbeiter in Manufakturen und Handwerk und die Armen in den Städten. Dieser Stand zählte etwa 25 Millionen Personen.

Aufgaben:
1. Berechne bitte den prozentualen Anteil der einzelnen Stände in bezug auf die Gesamtbevölkerung.
2. Trage bitte die drei Stände entsprechend ihrer prozentualen Größe in das Dreieck ein.

44

mit ihrer wirtschaftlichen Bedeutung für den Staat im Unterrichtsgespräch

Dabei könnte folgendes Ergebnis erzielt werden: Die feudale Ständeordnung besteht weiter; die wirtschaftliche Bedeutung der Bevölkerungsschichten hat sich verändert.

Die Feststellungen sollten zur Ergebnissicherung in einem Tafelbild fixiert werden.

Als Exkurs wäre möglich: kurze Erörterung von möglichen Bewertungskriterien der heutigen Gesellschaft, indem ein Katalog von verschiedenen Berufen an der Nebentafel angegeben wird. Die Schüler versuchen, die Berufe in eine Rangordnung zu bringen. Das gefundene Ergebnis könnte mit einer Darstellung der Gesellschaftsschichtung der Bundesrepublik Deutschland gegenübergestellt werden (z.B. in Sozialkunde 9./10. Schuljahr, Arbeitsmaterial für Schüler, S.179/180; politik im aufriß 1, S.285/286).

6. und 7. Stunde:
Die Selbstdarstellung der absolutistischen Macht (Der Hof Ludwigs XIV.)

Zur didaktischen Funktion:

Die häufig undurchsichtigen Macht- und Abhängigkeitsverhältnisse in der Wirklichkeit des französischen Absolutismus sind im Unterricht der Sekundarstufe I nicht darstellbar. Die Schule braucht die griffige Anschaulichkeit des konkreten Falles. Hier bietet sich der Bau des Schlosses von Versailles und das Leben am Hofe Ludwigs XIV. geradezu an: Der Anspruch des absolutistischen Herrschers, glanzvoller Mittelpunkt seines gesamten Staates zu sein – ja, diesen Staat in der eigenen Person zu verkörpern, soll dabei sichtbar werden. „Der höfische Aufwand diente zunächst und vordergründig der Repräsentation von Macht. Der ungeheure, ‚verschwenderische' Pomp, aller prunkvolle Glanz, den das absolutistische Hofleben entfaltete, wurde zum anerkannten Ausdruck

der politischen Stellung des betreffenden Herrscherhauses… In der bloßen Repräsentation der Macht erschöpfte sich freilich die Funktion des höfischen Aufwandes nicht… Was sich darin äußert ist das Streben nach Machtprestige" (Jürgen von Kruedener, Die Rolle des Hofes im Absolutismus, Stuttgart 1973, S.21f.).

Die Realitäten des Hoflebens von Versailles, wo sich der ganze Tagesablauf um den König dreht, sind zwar nicht identisch mit dem Erscheinungsbild, in welchem das System dem einfachen Untertan fern vom Hof Ludwigs XIV. in der Provinz begegnete, aber ihre unterrichtliche Erarbeitung macht doch wesentliche Merkmale des Absolutismus evident:

– Die neue Funktion und Stellung des Hochadels, der zwar politisch weitgehend entmachtet, aber mit ideellen Auszeichnungen und rechtlichen sowie finanziellen Privilegien entschädigt worden ist;

– die Versuche, den Aufbau der Verwaltung zu vereinheitlichen und zu zentralisieren, indem ein weithin sichtbarer Mittelpunkt geschaffen wurde;

– die Schaffung und Darstellung von Macht, indem der Hof neben Beamtenapparat, Steuersystem und Heer als weitere Stütze der absolutistischen Herrschaft eingezogen worden ist. (Vgl. dazu Jürgen von Kruedener, a.a.O., der nachgewiesen hat, daß durch „Charismatisierung", „Kultivierung" und „Distanzierung" der Hof eine geradezu suggestive Rolle erhalten hatte und zu einem Herrschaftsinstrument gegenüber den Untertanen geworden war.);

– die enormen finanziellen Leistungen, welche der König seinem Volk für sich und den in ein Rentnerdasein versetzten Hofadel abverlangte;

– die Rationalität, das Streben nach Übersichtlichkeit und Symmetrie der Schloß- und Parkanlagen.

Wegen der Vielfalt und der altersgemäßen Anschaulichkeit des Materials wird die Auswertung in einem gruppenarbeitlichen Verfahren empfohlen. Dabei soll den Schülern Gelegenheit gegeben werden, – über die gestellten Aufgaben hinaus – selbständig Fragen an die Bilder und Texte zu richten und die Befunde zu bewerten. Da solche Arbeitsphasen sehr zeitaufwendig sind, wird man für diese Teileinheit eine Doppelstunde einplanen müssen.

Man sollte sich jedoch darüber im klaren sein, daß es nicht auf jedes baugeschichtliche Detail und nicht auf einzelne Elemente des höfischen Zeremoniells ankommt, sondern vielmehr auf den Symbolcharakter des Ganzen, auf die politischen Absichten, die sich dahinter verbergen und die Erkenntnis, daß es sich bei den vorgestellten Zeugnissen um bedeutsame Quellen für die Sozialstruktur des absolutistischen Systems handelt: „Die Schloßanlage von Versailles setzt das stehende Heer, den Merkantilismus, ein geordnetes Steuerwesen und einen Staatshaushaltsplan voraus; die Anlage des Schlosses ist Schaubühne für die Selbstdarstellung des modernen Staates in der Person des absolutistischen Herrschers. Im Sinne der Anlage enthüllen sich wichtige Strukturen des Systems" (Heinz Dieter Schmid in „Das Studienseminar" 1968, 1, S. 26).

Ziele der Stunden:

Die Schüler erkennen,
daß der Hof Ludwigs XIV. ein wesentlicher Bestandteil des absolutistischen Staates gewesen ist;
daß ein ungeheurer Aufwand an Arbeitskräften und Geld zur Errichtung des Schlosses von Versailles und für die Unterhaltung des Hofes erforderlich war;
daß die Mitwirkungsrechte des Adels suspendiert und in Repräsentationsaufgaben und Privilegien umfunktioniert worden waren.

Die Schüler erarbeiten
aus Bildern und Texten Einzelheiten des Schloßbaues von Versailles und des Lebens am Hofe Ludwigs XIV.;
Fragenkataloge an Bauwerke und beschreibende Texte;
eine Gegenüberstellung der Absichten Ludwigs XIV. und der Kritik Colberts hinsichtlich der Aufwendungen für den Hof.

Die Schüler beurteilen
Schloß und Hofleben unter den Aspekten der Funktionen im Absolutismus und der Kosten;
die Aussagekraft verschiedener Quellenarten (Bild, Grundriß, Texte, Zahlen).

6. Stunde:
– kein Stundenblatt –

Verlaufsskizze:

Unterrichtsschritt 1:
Auswertung des Sonnensymbols
Die Abbildung der von Douvrier entworfenen Gedenkmünze mit dem Kopfbild des Königs als Sonne, welche die Erde bescheint, und der Inschrift NEC PLURIBUS IMPAR (d.h. „vielen gewachsen" oder „noch mehr Aufgaben gewachsen") kann der Klasse als Einstieg zur Auswertung vorgelegt werden. Auch frühere französische Könige hatten sich Symbole zuweisen lassen – Ludwig XII. ein Stachelschwein, Franz I. einen Salamander, Heinrich II. einen Halbmond. Das Sonnensymbol begegnet auch im Schloß von Versailles und auf zahlreichen Gegenständen, die für den täglichen Bedarf des Königs angefertigt worden waren. (Weitere Einzelheiten zum Sonnensymbol: Vincent Cronin, Der Sonnenkönig, Frankfurt 1974, S. 131 f. Abbildungen findet man u. a. in erinnern und urteilen 2, S. 10–4; Fragen an die Geschichte 3, S. 14; Zeiten und Menschen 3, S. 16)

Zur Vertiefung können Ludwigs eigene Äußerungen zur Wahl dieses Symbols herangezogen werden: „Als Bild wählte ich die Sonne, die nach den Regeln der Wappenkunst das vornehmste Emblem darstellt. Sie ist ohne Zweifel das lebendigste und schönste Sinnbild eines großen Fürsten" (vgl. Ricardo Krebs, Der europäische Absolutismus, Stuttgart [Klett] 1975, S. 27; erinnern und urteilen 2, S. 10–4; Menschen in ihrer Zeit, S. 9; Der Mensch und seine Welt 2, S. 142).

Die Schüler werden zur Stellungnahme zu diesem Symbol und dem damit verbundenen Anspruch Ludwigs XIV. aufgefordert. Mit der Frage nach anderen möglichen Darstellungen des Herrschaftsanspruches wird das Thema der Gruppenarbeitsphase formuliert.

Unterrichtsschritt 2:
Bildung der Arbeitsgruppen und Einführung in die Materialien
Um die weitgefächerten Möglichkeiten zu nutzen und um die einzelnen Gruppen nicht zu überfordern, empfiehlt es sich, mindestens sechs Gruppen zu bilden. Als Materialgrundlage wird man zunächst auf das Lehrbuch und den Geschichtsatlas zurückgreifen; allerdings ist die Bereitstellung zusätzlicher Arbeitsunterlagen für die meisten Themen erforderlich.

(Folgende Bücher enthalten eine reiche Auswahl an geeigneten Bildern und Texten für diese Gruppenarbeitsphase:
Gilette Ziegler, Der Hof Ludwigs XIV. in Augenzeugenberichten, Düsseldorf 1964
Pierre Goubert, Ludwig XIV. und 20 Millionen Franzosen, Berlin 1973
Fritz Wagner, Europa im Zeitalter des Absolutismus und der Aufklärung (Handbuch der europäischen Geschichte Band 4), Stuttgart 1968, S. 174–178
Vincent Cronin a. a. O.
Handbuch des Geschichtsunterrichts Band 4, Frankfurt).

Für die einzelnen Gruppen werden folgende Themen vorgeschlagen:
a) Das Schloß von Versailles (Beschreibung)
b) Die Baugeschichte des Schlosses (Planung, Kosten)
c) Die Parkanlagen von Versailles
d) Ein Hoffest
e) Das Lever des Königs (Verlauf, Bedeutung)
f) Ein Tag in Versailles.

Die den Schülern vorzulegenden Abschnitte in der wissenschaftlichen Literatur oder in den Lehrbüchern müssen eindeutig gekennzeichnet sein; ihr Umfang sollte auf ein Minimum beschränkt werden. Schließlich wird man die Arbeitsaufträge für die einzelnen Gruppen möglichst ähnlich formulieren, um die spätere Integration der Ergebnisse zu erleichtern.

Unterrichtsschritt 3:
Gruppenarbeit

Alternative zu den Unterrichtsschritten 2 und 3:
An die Stelle der Gruppenarbeit kann eine Lichtbilderstunde treten, bei der auf eine gründliche Analyse der Schloßanlage von Versailles die Betrachtung anderer Schlösser aus der Zeit des Absolutismus folgt. Dabei wird die prägende Kraft des französischen Absolutismus deutlich – Versailles als „Vorbild aller Residenzen in Europa" (Eberhard Weis).

7. Stunde:

Verlaufsskizze:

Unterrichtsschritt 1:
Zusammenstellung der Ergebnisse der Gruppenarbeit im Plenum
Für diesen Stundenteil bieten sich zwei Wege an:

● Entweder man bittet die einzelnen Gruppen, ihre Ergebnisse nacheinander zu referieren, und läßt das Tafelbild additiv entstehen, indem jedes neue Ergebnis als Erweiterung eingetragen wird,

● oder der Lehrer versucht, in einem Unterrichtsgespräch, an dem sich alle Schüler gleichzeitig beteiligen können, die Einzelbefunde zu bündeln und zu systematisieren. Das während dieses Gesprächs entstehende Tafelbild dient zur Strukturierung und zur Sicherung des Ertrags.

Für das zweite Verfahren werden folgende Gesprächsimpulse vorgeschlagen:
– Versetzt euch einmal an den Hof Ludwigs XIV., was würdet ihr als Mitglieder dieser Hofgesellschaft empfinden?
– Wodurch unterscheidet sich das Leben am Hof Ludwigs XIV. von einem „normalen" Leben?
– Warum treibt der König einen derartigen Aufwand?
– Welche unterschiedliche Aufgaben hat die Gesellschaft, die um Ludwig XIV. herum den Hof bildet?
– Welche Wirkung haben Schloß und Hofleben auf das französische Volk gehabt? Welche Wirkung auf die übrigen europäischen Völker?
– Wodurch unterscheidet sich das Schloß von Versailles/das Leben am Hof von den mittelalterlichen Zuständen?
– Welche Voraussetzungen mußten erfüllt sein, damit Versailles überhaupt gebaut werden konnte?

Unterrichtsschritt 2:
Auswertung von Zahlenmaterial zur Finanzierung des Schlosses und des Hofes
(Wenn eine Arbeitsgruppe dieses Thema untersucht hat, sollte sie die Leitung dieses Stundenteils übernehmen.)
Die Klasse wird mit folgenden Informationen konfrontiert (Hektographie oder Folie):

Staatseinnahmen 1680
                          etwa 47 500 000 Livres
Gesamtkosten für den Bau
von Versailles   etwa 70 000 000 Livres
Jahreslohn eines Maurers
                          etwa   180 Livres
Jahreslohn eines Landarbeiters
                          etwa   100 Livres
Preis für 1 Pfund Weißbrot
                          etwa   0,1 Livres
Ausgaben für Feste,
Bankette und Spielschulden
des Königs und der Königin (1665)
                                    300 000 Livres
Ausgaben für den Marstall
des Königs (1665)   200 000 Livres
(nach Fragen an die Geschichte 3, S. 16 und Geschichte in Quellen 3, S. 443).

Mögliche Auswertungsfragen:
– Was kann man diesen Zahlen entnehmen?
– Welche Beziehungen lassen sich zum Merkantilismus herstellen?
– Was ergibt sich bei einem Vergleich mit dem Haushalt der Bundesrepublik Deutschland?

Unterrichtsschritt 3:
Konfrontation von Kritik (Colbert) und Verteidigung der Ausgaben für den Hofstaat
Die Schüler werden gebeten, aus einer Quellenstelle die Beschwerdepunkte Colberts zu entnehmen und mögliche Einwände Ludwigs XIV. gegen den Appell des Finanzministers selbständig zu formulieren. Als Arbeitsform bietet sich die Partnerarbeit an.

Zusammenfassung der Kritik Colberts:
– Die Ausgaben für die Vergnügungen des Königs müssen gegenüber den Ausgaben für die Außenpolitik zurücktreten.
– Die Reisen des ganzen Hofstaates verschlingen zu große Summen.
– Die Vermengung von Kriegführung und Belustigung muß aufhören.

– Der König muß sich an einen vorher fest-
zulegenden Betrag für die Ausgaben des
Hofes halten.

Bei der Rekonstruktion der Gegenposition
Ludwigs XIV. wird etwa folgende Stellungnahme erwartet:
– Ausgaben für Schloß und Hofstaat erhö-
hen das Ansehen des Königs und die
Macht des französischen Staates.
– Der Adel muß durch das aufwendige Hofleben an den König gebunden werden.
– Der König kann völlig frei entscheiden,
wie er die Einnahmen des Reiches ver-
wendet.
– Der König ist allein Gott Rechenschaft
schuldig.
– Der Finanzminister hat sich um die Einnahmen, nicht um die Ausgaben zu kümmern.

Mögliche Hausaufgabe:

Vorbereitende Lektüre einer Textstelle aus
dem Werk eines Staatstheoretikers (Bodin,
Hobbes, Bossuet).

8. Stunde:
Die staatstheoretische
Legitimation des Absolutismus

Zur didaktischen Funktion:

Die große Resonanz, welche die Schriften
Bodins, Hobbes' und später auch die Äußerungen Bossuets vor allem in Frankreich gefunden haben, zeigt, daß ein verbreitetes Bedürfnis nach einer theoretischen Absiche-
rung der neuen absolutistischen Herrschaftsform bestanden hat. Diese ideologische Legitimation der Herrschaft, die von Richelieu,
Mazarin und insbesondere von Ludwig XIV.
eifrig gefördert wurde, schuf durch die Bestätigung des absolutistischen Herrschaftsan-
spruchs zusätzliche Macht; aus diesem
Grunde sollte man auch schon auf der Sekundarstufe I, wenn man den Absolutismus
thematisiert, wenigstens kurz die theoretische Begründung der Macht berücksichtigen.
Manche Lehrbücher verzichten – offensicht-
lich wegen der vermeintlichen Gefahr einer
Überforderung der Schüler – ganz auf derartige Theorietexte. Aus Zeitgründen wird in
unserem Vorschlag nur eine Bossuet-Stelle
ausführlich behandelt; das Einbringen weiterer Texte zur Souveränitätslehre wird empfohlen (vgl. erinnern und urteilen 2, S. 10-3;
Ricardo Krebs, Der europäische Absolutismus, Stuttgart [Klett] 1975, S. 12 f. und 23 f.).
Obgleich die uneingeschränkte Macht der
Monarchen von den Staatstheoretikern seit
dem 16. Jahrhundert immer wieder eindeutig
begründet worden war, sah die Verfassungswirklichkeit in allen absolutistischen Syste-
men doch ganz anders aus: Solange die adlige
Grundherrschaft und zahlreiche Privilegien
für Einzelpersonen, Korporationen und
Städte weiterbestanden, konnten die Fürsten
die beanspruchte Macht in der Praxis nirgends voll durchsetzen.
Für die Schule ist aber die Einsicht vorrangig,
daß im Zeitalter des Absolutismus der mittelalterliche Personenverbandsstaat über-
wunden worden ist.
Die Einführung in das Lesen theoretischer
Texte im Anschluß an die Erörterung der
realen Phänomene und die dabei vermittelte
Einsicht in das Spannungsverhältnis zwischen Anspruch und Realisierung halten wir
für besonders wichtig. In Klassen, denen für
die Lektüre längerer theoretischer Quellen-
stücke das Interesse oder die Kompetenz feh-
len, sollte wenigstens in einigen ausgewählten Zitaten das Bestreben des Absolutismus,
sich zu legitimieren, vorgestellt werden. Als
wirkungsvolle Motivation bietet sich die
Konfrontation mit dem Vorher (Adelsgesell-
schaft) und dem Nachher (Volkssouveränität) an. „Für den mittelalterlichen Herrscher

ist das ‚Dei gratia' zunächst eine Demutsformel, die ihn zwar von anderen Herrschaftsträgern abhebt, aber die Mitwirkung anderer – z.B. der Lehensleute, der Stände – bei der politischen Willensbildung durchaus noch zuläßt, oft sogar erfordert. Im Absolutismus dagegen wird daraus eine Anspruchsformel, eine metaphysische Klausel für das Herrschaftsmonopol" (Der Mensch und seine Welt 2, Lehrerband, S. 123).

Ziele der Stunde:

Die Schüler erkennen,
daß Herrschaft insbesondere im Absolutismus nach Legitimation verlangt und aus der theoretischen Legitimation zusätzlich Stabilität und Macht erhält;
daß bereits im Zeitalter des Absolutismus diese Rechtfertigungsversuche kritisiert worden sind.

Die Schüler erarbeiten
aus Quellenauszügen (Bodin, Bossuet) einen Katalog von Rechtfertigungen der absolutistischen Monarchie:
– Übereinstimmung mit dem göttlichen Gesetz
– Übereinstimmung mit dem Naturgesetz
– Notwendigkeit einer bedingungslosen Autorität
– Durchsetzung des Guten und Beseitigung des Bösen
– höchste Funktionsfähigkeit;
die Funktionen der staatstheoretischen Rechtfertigungen des Absolutismus.

Die Schüler vergleichen
die absolutistische Fürstensouveränität mit dem Prinzip der Volkssouveränität.

Verlaufsskizze:

Unterrichtsschritt 1:
Vorstellung des Stundenthemas
In einem einleitenden Gespräch (Impuls: „Was hätte Ludwig XIV. wohl auf die Frage nach der Rechtfertigung seiner Herrschaft geantwortet?") wird die Legitimationsproblematik vorläufig umrissen. Die Schüler sollen selbständig einige Hypothesen formulieren. Die im Stundenblatt aufgelisteten Vermutungen der Schüler sollen lediglich die Intentionen des Unterrichtsgesprächs andeuten; sie werden im konkreten Fall anders formuliert werden müssen.

Unterrichtsschritt 2:
Auswertung der Bossuet-Stelle
(vgl. erinnern und urteilen 2, S. 10-3; Fragen an die Geschichte 3, S. 18; Ricardo Krebs, Der europäische Absolutismus, Stuttgart [Klett] 1975, S. 25 f.).
Für die Bearbeitung des Textes ist es nicht unwichtig, in einer Vorinformation den Autor vorzustellen:
Jacques-Bénigne Bossuet, der Sohn eines Richters aus Burgund, wird als ein ungemein fleißiger Geistlicher beschrieben, dessen Predigten sich sowohl durch den wirkungsvollen Vortrag als auch wegen ihrer Neigung zur vernünftigen Argumentation auszeichneten. Er wurde von Ludwig XIV. zum Bischof von Paris gemacht und war lange Jahre Hofprediger des Königs. Sein Einfluß auf Ludwig XIV. war bedeutend. Durch seinen Traktat „Die Politik nach den Worten der Heiligen Schrift" und andere Äußerungen zur königlichen Herrschaft wurde er zu einem der wichtigsten Verteidiger des absolutistischen Systems seiner Zeit.

Zusammenfassung: Die Monarchie ist die älteste und naturgemäßeste Staatsform. – Die Monarchie ist der Inbegriff der väterlichen Autorität. – Die monarchische Staatsform ist die dauerhafteste, stärkste und beste. – Der

Fürst braucht niemand Rechenschaft ablegen. – Infolge seiner Autorität kann er das Gute tun und das Böse beseitigen. – Nach dem Spruch des Fürsten ist kein Urteil mehr möglich, denn er ist von Gott. – Wer dem Fürsten nicht gehorcht, wird ohne Gnade als Friedensstörer zum Tode verurteilt. – Der Fürst soll gerecht sein; aber nur Gott kann ihn verurteilen.

Arbeitsaufträge für die Textauswertung:
– Welche Stellung weist Bossuet dem Fürsten, welche den Untertanen zu?
– Wie begründet er seine Auffassung von der Stellung des Königs?
– Welche Gegenargumente könnte man vorbringen?

Es empfiehlt sich, die Analyse des Textes durch ein vorgegebenes Schema zu erleichtern (s. Tafelbild).

Alternative zu Unterrichtsschritt 1 und 2:
Statt des verhältnismäßig anspruchsvollen Bossuet-Textes kann man auch die wesentlich konkreteren Selbstzeugnisse aus den sogenannten „Memoiren" Ludwigs XIV. oder aus dem Politischen Testament Richelieus auszugsweise interpretieren. Hier sind die unmittelbaren Absichten und die politische Zielsetzung der Souveränitätstheorie evidenter.
Mögliche Auswertungsfragen:
– Welche Stellung nimmt der absolutistische Herrscher für sich in Anspruch?
– Welche Aufgaben weist er den einzelnen Ständen zu?

Unterrichtsschritt 3:
Problematisierung der Theorie Bossuets durch zwei Quellenstellen
Die vorgeschlagenen Texte bilden einen eindeutigen Kontrast zur Position Bossuets. Man wird sie deshalb ohne Einführung den Schülern zur Auswertung vorlegen können. Wichtig ist dabei der Hinweis auf die zeitliche Parallelität zu Bossuet. Die Auswertung kann im Unterrichtsgespräch erfolgen; zur Fixierung der Ergebnisse wird das Schema erweitert.

Zusammenfassung:
1. Kardinal de Retz, Mitglied des Parlaments von Paris und einer der Führer des Adelsaufstandes (1648–1653):
In der langen Herrschertradition Frankreichs gab es nie eine so schrankenlose Herrschaft eines einzelnen. Alte Gewohnheiten hielten früher die Monarchen im Zaum.
Monarchen genießen nur dann Ansehen, wenn sie sich nicht über die Stände erheben.
(Vgl. erinnern und urteilen 2, S. 10-3; G. Guggenbühl und H. C. Huber, Quellen zur Geschichte der Neueren Zeit, Band 3, Zürich 1965, S. 184.)
2. John Locke (1690):
Die Grundlage des Staates ist ein freiwilliger Vertrag aller Beteiligten. Die höchste Gewalt im Staat ist die gesetzgebende Gewalt (Legislative). – Die Gewalt ist aber nicht absolut.
Neben ihr gibt es eine ausführende Gewalt (Exekutive), welche die von der Legislativen erlassenen Gesetze vollzieht. – Das Volk hat das Recht, die höchste Gewalt dann zu entfernen, wenn diese seinen Interessen zuwiderhandelt.

Gesprächsimpulse:
– Vergleiche bitte die beiden Textstellen mit der Theorie Bossuets!
– Welche der beiden Stellen erscheint fortschrittlicher? Warum?
– Weshalb ließ Ludwig XIV. die Verbreitung von Druckerzeugnissen mit derartigen Texten verbieten?

Hausaufgabe:
Wiederhole bitte im Lehrbuch die Ergebnisse des Westfälischen Friedens (1648) und des Pyrenäenfriedens (1659) für Frankreich! (Kurze schriftliche Zusammenfassung.)

9. Stunde:
Die Außenpolitik Frankreichs zur Zeit Ludwigs XIV.

Zur didaktischen Funktion:

Die expansive Außenpolitik ist für den französischen Absolutismus bis 1715 konstitutiv; für die unterrichtliche Charakterisierung der Herrschaft Ludwigs XIV. ist diese Komponente daher von großer Bedeutung.

Drei Gesichtspunkte bestimmen den Unterrichtsverlauf, sie sollten im Lernprozeß miteinander verbunden werden:

1. Die Kriege Frankreichs zur Zeit Ludwigs XIV. sind auch aus wirtschaftlichen Interessen geführt worden.
2. Die meisten Kriege zur Zeit Ludwigs XIV. sind das Ergebnis eines hemmungslosen monarchischen Anspruchs auf Vormachtstellung, Ruhm und politische Macht. „Bei den maßgebenden Historikern diesseits und jenseits des Rheines besteht heute nahezu völlige Einmütigkeit über den aggressiven, gewalttätigen Charakter der Außenpolitik Ludwigs XIV. bis in die neunziger Jahre… Über seine Überbewertung von Prestigefragen, seine Überschätzung der eigenen Macht" (Eberhard Weis im Handbuch für Europäische Geschichte, Band 4, S. 202).
3. Die Politik Englands ist darauf ausgerichtet, das europäische Gleichgewicht herzustellen. „Die oranische Regierung bedeutet die Einleitung des Zeitalters englischer Welt- und Seeherrschaft, die Ausbildung des Gleichgewichtsdenkens im Sinne des europäischen Staatensystems, zu dessen Hüter und Schiedsrichter das Inselvolk sich jetzt aufzuschwingen begann" (Walter Hubatsch, Das Zeitalter des Absolutismus 1600–1789, Braunschweig 1962, S. 136; vgl. die vortreffliche Materialsammlung in Fragen an die Geschichte 3, S. 24–26).

Mit diesen Gesichtspunkten wird auch festgelegt, daß die militärischen und außenpolitischen Aspekte des Absolutismus nicht von den bisher behandelten inneren Phänomenen zu trennen sind. Es geht nicht darum, abfragbares Wissen über Zeitpunkt und Verlauf der einzelnen Kriege bereitzustellen.

Ziele der Stunde:

Die Schüler erkennen,
daß die von Ludwig XIV. geführten Kriege wirtschaftliche und machtpolitische Gründe hatten;
daß die absolutistische Finanzpolitik eine wesentliche Voraussetzung der Kriegsführung ist.

Die Schüler erarbeiten
aus dem Lehrbuch und aus Karten einen Überblick über Außenpolitik Ludwigs XIV. und die Ergebnisse der Kriege;
aus Quellentexten (Lisola und Fénelon) zeitgenössische Kritik an der absolutistischen Außenpolitik;
die Bedeutung der Begriffe „Staatsräson", „Hegemonie" und „Gleichgewichtspolitik";
einen Fragenkatalog zur historischen Analyse von Kriegsergebnissen (Friedensschlüssen).

Die Schüler beurteilen
die Kriege Ludwigs XIV. unter folgenden Aspekten:
– Folgen für Frankreich
– Folgen für Europa
– Selbstverständnis des Zeitalters des Absolutismus;
– Stellungnahmen zur militärischen Expansionspolitik.

Die hier gewonnenen Urteile und Kategorien können bei der Erörterung der friderizianischen Außenpolitik (im Rahmen dieser Unterrichtseinheit) erneut aufgegriffen und weiterentwickelt werden.

Verlaufsskizze:

Unterrichtsschritt 1:
Kartenvergleich
Den Schülern werden zwei Karten von Europa vorgelegt (Hektographie, Folie/ggf. Lehrbuch):
a) Die Mächtekonstellation 1667 (vor dem Krieg gegen die Spanischen Niederlande).
b) Die Mächtekonstellation 1715 (nach dem Abschluß des Friedens von Utrecht).
Man fordert die Klasse auf, Veränderungen zusammenzustellen und zu beurteilen.

Mögliche Fragen:
– Was fällt beim Vergleich der beiden Karten auf?
– Wie beurteilt ihr die Lage Frankreichs vor 1667 und nach 1713?

(Erwartete Schülerbeiträge:
Österreich erweitert um die Spanischen Niederlande, Sardinien und Neapel;
Savoyen erweitert um Sizilien;
Großbritannien erweitert um Gibraltar und Minorka;
Frankreich erweitert um Teile von Elsaß und Lothringen.
Frankreich steht trotz geringer Gewinne im Verhältnis zu den anderen Großmächten nicht besser da als 1667.)

Unterrichtsschritt 2:
Erarbeitung der außenpolitischen Maßnahmen Ludwigs XIV.
Den Schülern wird eine Zeittafel vorgelegt oder vorgetragen, die etwa folgendermaßen strukturiert ist:

Die französische Außenpolitik unter Ludwig XIV.

1. 1660: Aus seiner Ehe mit der spanischen Prinzessin Maria Theresia leitet Ludwig XIV. einen Erbanspruch auf Spanien ab.
2. 1667–1668: Krieg um die Spanischen Niederlande (das heutige Belgien). Nach (veraltetem) Recht fordert Ludwig XIV. vom spanischen König dieses Land als Mitgift seiner Gemahlin und läßt seine Truppen ohne Kriegserklärung in die Niederlande einmarschieren. Aber England, Holland und Schweden schließen sich zusammen, um die Festsetzung Frankreichs an der Kanalküste zu verhindern. Ludwig XIV. muß sich im Frieden von Aachen damit begnügen, daß Lille und Dünkirchen an Frankreich fallen; das eigentliche Kriegsziel hatte er nicht erreicht.
3. seit 1668: Durch riesige Geldsummen (Subsidien) gelingt es Ludwig, viele europäische Fürsten auf seine Seite zu ziehen, so Karl II. von England, den Großen Kurfürsten, die Könige von Polen und Schweden und Max Emmanuel von Bayern.
   1672–1678: Krieg gegen Holland. Um die wirtschaftliche Konkurrenz der Holländer auszuschalten und eine erneute Unterstützung der Spanischen Niederlande durch Holland zu verhindern, greift Ludwig XIV. an. Holland verteidigt sich – unter dem neu ernannten Generalstatthalter Wilhelm III. von Oranjen – durch das Öffnen der Schleusen und das Durchstechen der Dämme. Als Hollands Verbündete treten der deutsche Kaiser und Brandenburg-Preußen in den Krieg ein. Im Frieden von Nimwegen bleibt Holland zwar erhalten, aber Frankreich erreicht, daß es von Spanien die Freigrafschaft Burgund erhält.
   1677–1713: Mit großem Nachdruck betreibt Frankreich den Aufschwung, die Modernisierung und die Ausdehnung seiner Kolonien in Nordamerika (Kanada, Louisiana) und in Indien.
4. 1680–1684: Die Reunionen. Im Westfälischen Frieden hatte Frankreich Teile vom Elsaß und von Lothringen erhalten. Ludwig XIV. ließ nun durch sogenannte Reunionskammern untersuchen, welche weitere deutsche Gebiete mit diesen Erwerbungen einmal in Verbindung gestanden hatten, und beanspruchte auch diese für Frankreich. So

wurden insgesamt mehr als 500 Städte und Dörfer „friedlich erobert", 1681 sogar die Stadt Straßburg.

Der deutsche Kaiser und das Reich wurden durch die Türken, die vom Osten her angriffen, von Gegenmaßnahmen gegen die Reunionen abgehalten.

1688–1697: Pfälzischer Krieg. Nach dem Tode des Kurfürsten von der Pfalz forderte Ludwig XIV. für seine Schwägerin Teile der Pfalz als Erbschaft. Französische Soldaten rückten in die Pfalz, nach Württemberg und Baden ein. Eine große Koalition, die sich nun gegen Frankreich bildete – England, der deutsche Kaiser, mehrere Reichsfürsten, Spanien, Schweden, Holland und Savoyen waren daran beteiligt –, zwang Ludwig, die besetzten Gebiete, die teilweise furchtbar verwüstet worden waren, wieder räumen zu lassen.

Im Frieden von Reyswijk muß Frankreich zwar einen Teil der eroberten Gebiete wieder herausgeben, Straßburg bleibt jedoch französisch. Trotzdem kann man dieses Ergebnis als Mißerfolg für Ludwig bezeichnen, da er weitergehende Ansprüche aufgeben mußte.

5. 1701–1714: Der Spanische Erbfolgekrieg. Als der spanische König Karl II. kinderlos starb, war die Nachfolgefrage offen. Neben dem deutschen Kaiser erhob auch Ludwig XIV. Anspruch auf das spanische Erbe. Um zu verhindern, daß Ludwigs Enkel Philipp König von Spanien werde, bildete sich erneut eine große Koalition gegen Frankreich. Der nun ausbrechende Krieg wird nicht nur in Europa, sondern auch in Amerika geführt. Die allgemeine Erschöpfung der kriegführenden Parteien und die Gefahr, daß statt Frankreich schließlich die österreichischen Habsburger durch den Erwerb Spaniens die Vormachtstellung in Europa gewinnen könnten, führten schließlich zu Verhandlungen. In den Friedensverträgen von Utrecht, Rastatt und Baden wurde das „europäische Gleichgewicht" wiederhergestellt: Die Ergebnisse der Reunionen werden bestätigt; der Enkel Ludwigs XIV. wird König von Spanien, aber jede Vereinigung mit Frankreich blieb ausgeschlossen. Das österreichische Habsburg erhält die ehemals Spanischen Niederlande, Oberitalien, Sardinien und Neapel, England setzte die Abtretung wichtiger französischer Gebiete in Nordamerika durch.

Mögliche Arbeitsaufträge und Fragen zur Auswertung der Zeittafel:
– Stelle die erwähnten Kriege in einem Schema zusammen, das folgendermaßen aufgebaut ist:

Bezeichnung des Krieges	Zeit	Anlaß	Gegner Frankreichs	Ergebnis

(Dieses Schema folgt einem Vorschlag in Fragen an die Geschichte, Band 3, S. 23).

– Welche Absichten verfolgte die französische Außenpolitik?
– Warum konnte Ludwig XIV. seine Ziele nicht verwirklichen?
– Warum kann man sagen, daß durch die Friedensschlüsse am Ende des Spanischen Erbfolgekrieges das europäische Gleichgewicht wiederhergestellt worden ist?

Alternativen zu Unterrichtsschritt 2:
1. In Klassen, die an selbständiges Arbeiten gewöhnt sind, ist es möglich, aufgrund entsprechender Vorlagen (Lehrbuch, Literaturauszüge) in arbeitsteiligem Gruppenunterricht die einzelnen Schritte der französischen Außenpolitik beschreiben zu lassen. Auch in diesem Fall empfiehlt es sich, den Schülern das vorgeschlagene Schema als Orientierungshilfe zur Verfügung zu stellen.

2. Eine Entlastung der Stunde kann man auch dadurch erreichen, daß man die Bearbeitung der Zeittafel auf die häusliche Vorbereitung verlegt; in diesem Falle bleibt vom Unterrichtsschritt 2 nur die Überprüfung der Ergebnisse im Schema und das beurteilende Gespräch im Stundenprogramm übrig.

Unterrichtsschritt 3:
Analyse der Entwicklung militärischer Macht während der Regierungszeit Ludwigs XIV.

Die gewaltigen Anstrengungen auf dem Gebiet der Flotten- und der Heeresreform, welche vor allem auf das Betreiben Colberts, Telliers und Louvois' unternommen wurden, können in einer kurzen Informationsphase vermittelt werden.

Wir empfehlen folgende Gegenüberstellung weniger, aber aussagekräftiger Daten (Hektographie oder Folie):

DER STAND DER MILITÄRISCHEN MACHT IN FRANKREICH

	um 1660	um 1690
Stärke des Heeres	ca. 45 000 Mann	ca. 290 000 Mann
Kadettenanstalten zur Ausbildung der Offiziere	0	9
Zahl der Linienschiffe (große Kriegsschiffe)	0	110
Budget der Kriegsmarine	1 Million Livres	13 Millionen Livres (1670)
	keine allgemeine Wehrpflicht	allgemeine Wehrpflicht
	sehr wenige Offiziere aus dem Bürgerstand	viele (auch höhere) Offiziere aus dem Bürgerstand

Fragen:
– Welche Aussagen läßt dieses Zahlenmaterial zu?
– Welche Rückwirkungen hatten die Aufwendungen für Heer und Marine auf den französischen Staatshaushalt?
– Warum kommt es gerade im Zeitalter des Absolutismus zu einer derartigen Verstärkung des militärischen Sektors?

(Erwartete Schülerbeiträge: militärische Stärke als wesentliche Stütze des Absolutismus, Ruhm- und Machtanspruch des Fürsten, aggressive Außenpolitik als Konsequenz des absolutistischen Systems, Sieg der Staatsräson, neue Möglichkeiten der Geldbeschaffung durch moderneres Steuersystem.)

Mögliche Alternative:
Der Aufwand für das Heer läßt sich auch durch eine Gegenüberstellung eines französischen Jahresetats aus der Zeit Ludwigs XIV. mit dem Haushalt der Bundesrepublik Deutschland problematisieren:
Einnahmen und Ausgaben des französischen Staates (1678)
Einnahmen: etwa 100 Millionen Livres
Ausgaben/Militär: 98 Millionen Livres
Ausgaben/Hofhaltung: 29 Millionen Livres
Sonstige Ausgaben: 2,5 Millionen Livres.

(Weiteres Zahlenmaterial: Fragen an die Geschichte 3, S. 31; Menschen in ihrer Zeit 3, S. 10.)

Der Bundeshaushalt 1979: (in Milliarden DM)
Auswärtiges Amt:	1,643
Inneres:	3,407
Justiz:	0,325
Finanzen:	3,120
Wirtschaft:	5,113
Ernährung:	6,323
Arbeit/Soziales:	46,487
Verkehr/Post:	26,353
Familie:	18,209
Entwicklungshilfe:	4,558
Raumordnung:	4,281
Forschung:	5,554
Bildung:	4,151
Schuldentilgung:	13,388
Versorgung:	8,719

55

Finanzverwaltung:	12,477
Sonstiges:	1,228
Verteidigung (einschließlich Zivile Verteidigung):	37,095
Bundeshaushalt (insges.):	203,861

Unterrichtsschritt 4:
Erarbeitung der wirtschaftlichen Motive der Außenpolitik Ludwigs XIV.
Den Schwerpunkt dieses Abschnittes soll ein Gespräch über zwei zeitgenössische Zitate bilden:
Colbert (Denkschrift vom Juli 1672): Wenn der König sich die gesamten Vereinigten Provinzen der Niederlande unterwürfe, dann würde alsbald ihr Handel zum Handel der Untertanen seiner Majestät, und nichts mehr bliebe zu wünschen (nach Pierre Goubert, Ludwig XIV. und zwanzig Millionen Franzosen, Berlin 1973, S. 120).

Vauban (über die Bedeutung des Krieges): Der Vater des Krieges ist das Interesse, seine Mutter der Ehrgeiz (nach Ricardo Krebs, Der europäische Absolutismus, Stuttgart [Klett] 1975, S. 33).
Aufgabe: Stelle bitte eine Verbindung zwischen diesen Äußerungen der wichtigsten Minister Ludwigs XIV. und der französischen Außenpolitik her!

Zur Einordnung dieser Zitate in den historischen Zusammenhang sind einige Informationen über das Konkurrenzverhältnis zwischen den Unabhängigen Niederlanden und Frankreich unentbehrlich, sie sollten in einem knappen Lehrervortrag vorangestellt bzw. aus dem Lehrbuch erarbeitet werden: Die Holländer waren Frankreich nicht nur durch die Qualität vieler Produkte, sondern

Tafelbild (9. Stunde)

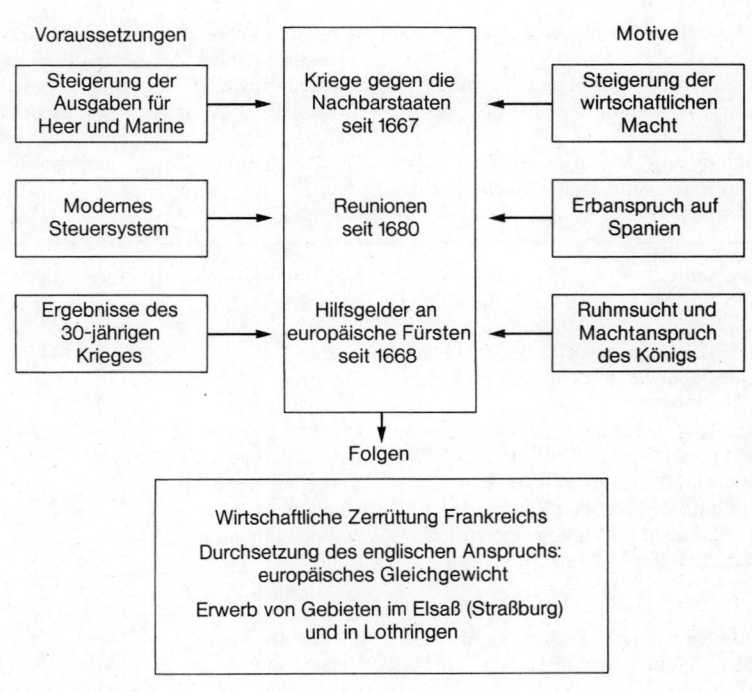

DIE FRANZÖSISCHE AUSSENPOLITIK IN DER ZEIT LUDWIGS XIV.
(1661–1715)

auch durch die Größe ihrer Handelsflotte überlegen, die etwa so groß war wie die britische und französische Flotte zusammen. Mit ihrer Preispolitik und einem weitgespannten Netz von Niederlassungen und Stützpunkten behinderten sie Frankreich in seinen Bemühungen, seinen eigenen Handelsraum auszuweiten. Häufig verschwanden französische Schiffe – nicht ganz unbegründet fiel der Verdacht auf die Holländer. Selbst die Binnenmärkte Frankreichs waren im Warenangebot, in der Preisgestaltung und im Geldumlauf vom Ausland, vor allem von den Holländern abhängig.

(Vgl. dazu Fritz Wagner im Handbuch für Europäische Geschichte, Band 4, S. 198 f.)

Als mögliche Ausweitung bietet sich ein Hinweis auf die französische Kolonialpolitik an. Dabei kann gezeigt werden, wie sehr die einzelnen Kriege – insbesondere der Spanische Erbfolgekrieg – auch um außereuropäische Interessen geführt worden sind.

10. Stunde:
Zur Kritik am französischen Absolutismus

Zur didaktischen Funktion:

Der Schwerpunkt dieser Stunde liegt auf der Frage, wie ein gerechtes Urteil über Ludwig XIV. und das absolutistische System gefunden werden kann. Hierbei ist eine eindeutige Differenzierung zwischen zeitgenössischen Quellen und Wertungen aus heutiger Sicht erforderlich.
Die Stunde hat insofern einen zusammenfassenden Charakter, als in ihr zahlreiche Erkenntnisse aus der bisherigen Behandlung des Absolutismus als Belege heranzuziehen sind, um ein eigenes Urteil zu bilden und zu formulieren. Die in den vorangegangenen

Stunden vermittelten Informationen werden dabei erweitert und neu geordnet.
Eine kritische Auseinandersetzung mit dem Absolutismus ist an dieser Stelle aber auch deshalb erforderlich, weil sich bei den Schülern erfahrungsgemäß das Bedürfnis einstellt, sich zur Rigorosität absolutistischer Herrschaftsausübung kritisch zu äußern.
Aus der Fülle möglicher Texte (Primärquellen und Sekundärliteratur) wird hier eine Vorauswahl getroffen, die nicht den Anspruch auf optimale Ergebnisse erheben will. Gerade in der Sekundarstufe I hängen bei dieser eher theorieorientierten Stunde die Materialauswahl und der Textumfang entscheidend von der Kompetenz der Klasse und ihrer Bereitschaft zur Reflexion über den im Unterricht vermittelten Stoffinhalt ab. Für Schüler mit einer geringer ausgeprägten Abstraktionsfähigkeit wird man statt der (umfangreichen) Texte zunächst einen zeitgenössischen Kritiker in einem Lehrervortrag vorstellen, wobei man die vorgeschlagenen Texte auf Zitate verkürzen kann. Die Auswahl der Quellenstellen und der Auszüge aus der Sekundärliteratur wird durch die Bereiche, die im Unterricht thematisiert worden sind, vorgegeben; auf folgende Komplexe sollte eingegangen werden:

a) Kritik am Anspruch des Königs auf höchste Souveränität
b) Kritik an der Rechtfertigung absolutistischer Herrschaft
c) Kritik an den gesellschaftlichen Auswirkungen absolutistischer Herrschaft.
d) Kritik an der Betonung des militärischen Sektors
e) Kritik an der Reglementierung der Wirtschaft
f) Kritik am Hofleben Ludwigs XIV.

Folgende – komprimierte – Problemfragen, die für den Unterricht selbstverständlich konkretisiert und in Teilschritte zerlegt werden müssen, zeigen die mögliche Tendenz der vorgeschlagenen kritischen Auseinan-

dersetzung mit dem französischen Absolutismus zur Zeit Ludwigs XIV.:
- Welche Gruppen/Schichten des französischen Volkes profitieren vom absolutistischen System?
- War das Zeitalter des Absolutismus die unabdingbare Durchgangsphase bei der Entstehung des modernen Staates/der modernen Gesellschaft?
- Stimmen die Maßstäbe und die Rechtfertigungen, mit welchen die Zeitgenossen den Absolutismus verteidigt bzw. verurteilt haben, aus damaliger/heutiger Sicht?
- War der Absolutismus Ludwigs XIV. eine despotische Herrschaft?
- Warum konnte der französische Absolutismus nicht wie der englische in einem langsamen Prozeß zur konstitutionellen Monarchie weiterentwickelt werden?

Ziele der Stunde:

Die Schüler erkennen,
daß die absolutistische Herrschaft Ludwigs XIV. auch von Zeitgenossen kritisiert worden ist;
daß sich diese Kritik vor allem gegen Willkürmaßnahmen, ungerechte Besteuerung, Verschwendungssucht und gegen die Lasten der Kriege richtet;
daß Anspruch und Realität des Absolutismus auseinanderklaffen.

Die Schüler erarbeiten
einzelne Punkte der Kritik anhand von Quellenauszügen.

Die Schüler beurteilen,
inwieweit der jeweilige Autor als Gewährsmann parteiisch oder objektiv sein mag;
ob die geäußerte Kritik die Zustände zur Zeit Ludwigs XIV. trifft;
inwieweit ihr eigener – bisher formulierter – Standpunkt gegenüber dem Absolutismus bestätigt oder korrigiert wird.

Verlaufsskizze:

Unterrichtsschritt 1:
Vorüberlegungen zu einer möglichen Kritik am Absolutismus
Die Schüler werden aufgefordert, ein – vorläufiges – Urteil zu den bisher vermittelten Maßnahmen und Leitlinien des französischen Absolutismus abzugeben. Durch die Wiederaufnahme der Legitimationstheorien (s. 8. Stunde) kann bereits hier das Spannungsverhältnis zwischen Anspruch und Realität eingeführt werden.
Die Vorüberlegung kann durch folgende Impulse strukturiert werden:
- Was gefällt an der Herrschaftsform des Absolutismus? Was gefällt nicht?
- War Ludwig XIV. ein guter König für Frankreich? (Welche Aspekte seiner Regierungstätigkeit sind hier zu berücksichtigen?)
- War der Absolutismus eine notwendige Epoche?

Unterrichtsschritt 2:
Die Kritik Fénelons (1699)
Nach einigen kurzen Angaben zur Person Fénelons (Erzbischof, Priester am Hof Ludwigs XIV., Verfasser mystisch-theologischer Schriften, Gegner der die Vernunft betonenden Theologie Bossuets, starker Einfluß auf die spätere Königin, Madame de Maintenon) wird der Quellenauszug vorgelegt und entweder in einer Selbsttätigkeitsphase oder in einem Unterrichtsgespräch ausgewertet.
(Grundzüge der Geschichte, Quellenband I, S. 329; Geschichtliche Quellenhefte 6, S. 20 f.; Fragen an die Geschichte 3, S. 26, Q 28)

Zusammenfassung:
Der König ist wie seine Untertanen den Gesetzen unterworfen. – Er soll sich keine Vorteile auf Kosten des Volkes verschaffen, sondern sich durch Bescheidenheit und Tugend auszeichnen. – Auch darf der König sich

nicht um alles selbst kümmern. – Auch der weiseste und beste König ist ein fehlerhafter Mensch, der von selbstsüchtigen und ränkevollen Beratern umgeben ist.

Fragen zur Auswertung:
– In welchen Punkten widerspricht Fénelon der Herrschaft Ludwigs XIV.?
– Inwieweit kritisiert er das System des Absolutismus als solches?
– Warum wurde dieses Buch von Ludwig XIV. verboten?

Unterrichtsschritt 3:

Die Kritik Vaubans (1694)

Auch hier empfehlen wir, einige Bemerkungen zur Person vorauszuschicken, aus welchen deutlich wird, daß die Auswirkungen des Absolutismus von der unmittelbaren Umgebung des Königs angegriffen wurden: Marschall Marquis de Vauban spielte im Kabinett Ludwigs XIV. eine zentrale Rolle, als Generalkommissar für das Festungswesen trug er wesentlich zur Weiterentwicklung des Festungs- und Angriffskrieges und damit zur expansiven Außenpolitik bei; er wurde Nachfolger Colberts als Wirtschafts- und Finanzminister. In diesem Amt versuchte er, die Lage der Bauern zu verbessern und eine größere Steuergerechtigkeit in Frankreich einzuführen.

(erinnern und urteilen 2, S. 10–15; Geschichtliche Weltkunde 2, S. 60.)

Zusammenfassung der Quellenstelle:
Die Hauptlast des Absolutismus in Frankreich trägt die untere Schicht des Volkes – nicht nur durch ihre Abgaben, sondern auch in den Kriegen. – Die Belastung dieser Bevölkerungsklasse ist im Laufe der Herrschaft Ludwigs XIV. unerträglich geworden; insbesondere wird die überaus harte und rücksichtslose Eintreibung der Steuern kritisiert.

Fragen zur Auswertung:
– Welche Bereiche der absolutistischen Politik kritisiert Vauban?

– Welche Folgen hätte wohl die Verwirklichung seiner Vorschläge gehabt?
– Warum konnte er sich damit bei Ludwig XIV. nicht durchsetzen?

Unterrichtsschritt 2:

Die Kritik Saint-Simons (1712)

Auch hier sind einige Bemerkungen zur Person des Autors vonnöten: Der Herzog Saint-Simon war vom König mehrfach vor den Kopf gestoßen worden; seine Stellung am Hofe ermöglichte es ihm trotzdem, Führer einer oppositionellen Strömung gegen Ludwig XIV. zu werden und nach dessen Tod eine wichtige Funktion bei der Wiederherstellung der Rechte des Hochadels zu spielen: Die Stoßrichtung dieser Adelsopposition richtete sich vor allem gegen den Ministerclan und die vielen Bürgerlichen in Heer und Verwaltung.

(Vgl. Detlef Albers, Der europäische Absolutismus, Stuttgart, o. J., S. 31 f.; Zeiten und Menschen 3, S. 9.)

Kurze Zusammenfassung:
Saint-Simon kritisiert die Verschwendungssucht des Königs und die hohe Verschuldung. – Nach der 70jährigen Herrschaft Ludwigs XIV. sei der Staat völlig erschöpft. – Der endgültige Zusammenbruch des Königreichs drohe. – Der König wird zur Umkehr und zur Besinnung aufgerufen, damit er vor Gott bestehen könne.

Fragen zur Auswertung:
– Wogegen richtet sich die Kritik Saint-Simons?
– Woran merkt man, daß er ein Angehöriger des Hochadels ist?
– Warum hat Saint-Simon diesen Brief anonym geschrieben?

Alternative zu den Unterrichtsschritten 2 bis 4:
Statt der vorgeschlagenen gemeinsamen Lektüre und Besprechung der Quellenauszüge können diese ohne weiteres auch arbeitsteilig von drei Schülergruppen anhand der Leitfragen ausgewertet werden. In einem anschließenden Unterrichtsgespräch faßt man die Ergebnisse zusammen. Es ist

empfehlenswert, das nachstehende Schema in diesem Falle für die Gruppenarbeit vorzugeben und die einzelnen Gruppen um selbständige Ausfüllung für ihren Text zu bitten.

Unterrichtsschritt 5:
Zusammenfassung und Überprüfung der Ergebnisse
Im Unterrichtsgespräch stellt man einzelne Punkte der Kritik der jeweils kritisierten Realität des Absolutismus zur Zeit Ludwigs

XIV. gegenüber (s. Tafelbild zur 10. Stunde). Man wird sich bei der Spalte „Überprüfung der Kritik" mit kurzen Sätzen oder Stichworten im jeweiligen Kasten begnügen müssen (z.B. verschwenderische Hofhaltung, willkürliche Verhaftungen). Wichtig ist, daß die Schüler nachdrücklich zum Belegen ihrer Entscheidung aufgefordert werden und nicht ohne Überprüfung die Aussagen der drei Quellenstellen akzeptieren.

Tafelbild (10. Stunde)

KRITIK AM ABSOLUTISMUS LUDWIGS XIV.

	Überprüfung der Kritik		
	stimmt	stimmt nicht	unentschieden
Fénelon (1699):			
Der König ist den Gesetzen unterworfen			
Der König soll bescheiden leben			
Der König ist fehlerhaft			
Die Ratgeber des Königs sind oft schlechte Menschen			
Vauban (1694):			
Die Ärmsten tragen die Hauptlast der absolutistischen Politik			
Diese Belastung nimmt ständig zu			
Die vielen Kriege haben Frankreich an den Rand des Verderbens gebracht			
Saint-Simon (1712):			
Der König lebt zu verschwenderisch			
Der Staat ist völlig zugrunde gerichtet			
Die Monarchie ist vom Untergang bedroht			

11. und 12. Stunde:
Der Absolutismus in Preußen (im Vergleich mit dem französischen Absolutismus zur Zeit Ludwigs XIV.)

Zur didaktischen Funktion:

Im Rahmen der vorliegenden Unterrichtseinheit wird der preußische Absolutismus an dieser Stelle aufgegriffen, um die Erkenntnisse, welche während der Behandlung Frankreichs unter Ludwig XIV. gewonnen worden sind, in zwei Richtungen zu ergänzen:

1. Am Beispiel Preußens ist zu zeigen, daß die Methoden und Erscheinungsformen der absolutistischen Herrschaftsweise nicht auf Frankreich beschränkt waren (Vertiefung des Gelernten durch Erarbeitung des Überschneidungsbereiches zwischen französischem und preußischem Absolutismus).

2. Außerdem bietet sich die Möglichkeit, die Individualität der jeweiligen absolutistischen Herrschaftsform ins Bewußtsein der Schüler zu rücken, indem einige grundsätzliche Unterschiede zwischen dem französischen und dem preußischen Absolutismus erarbeitet werden (Erweiterung des Gelernten durch die Beschäftigung mit dem aufgeklärten Absolutismus zur Zeit Friedrichs II.).

Die Fülle der vergleichbaren Erscheinungsformen des Absolutismus in Europa zwingt zu einer rigorosen Auswahl. Je nach den Interessen der Klasse kann daher das von uns vorgeschlagene Vergleichsmaterial durch andere Gegenüberstellungen ersetzt werden. Es geht hier nicht um einen möglichst umfassenden Überblick über die Entwicklung Preußens, sondern um die Auswahl geeigneter Phänomene zur Abrundung der Einheit über den französischen Absolutismus. Dabei wird man auf den Begründungszusammenhang, welchem der preußische Staat seinen Aufstieg verdankt, verzichten müssen, um die Geschlossenheit der Unterrichtseinheit zu wahren. Die preußische Geschichte bleibt vielmehr einem eigenen Lehrgang vorbehalten, der als Längsschnitt konzipiert und in der Jahresplanung entweder einer sich jetzt unmittelbar anschließenden Unterrichtseinheit über die europäischen und weltweiten Veränderungen des Mächtesystems (Siebenjähriger Krieg, britische Vorherrschaft in Übersee, polnische Teilungen) oder erst der Behandlung des österreichisch-preußischen Dualismus im 19. Jahrhundert zugeordnet werden sollte.

Die früher in den Lehrplänen und Lehrbüchern nachdrücklich betonte Andersartigkeit des aufgeklärten Absolutismus in Preußen gegenüber der französischen Ausprägung läßt sich nach neueren Forschungsergebnissen nicht mehr aufrechterhalten: Das absolutistische Prinzip, nach welchem der Herrscher den souveränen Machtstaat in seiner Person verkörpert und die gesamte staatliche Gewalt für sich in Anspruch nimmt, gilt im Preußen Friedrichs II. nicht weniger als im Frankreich Ludwigs XIV. (vgl. die Ausführungen unter Fachwissenschaftliche Aspekte des Themas).

Der allenfalls feststellbare Rationalisierungsprozeß und die wachsende Reformbereitschaft im 18. Jahrhundert muß im Unterricht hinter der Tatsache zurücktreten, daß auch der aufgeklärte Absolutismus die Untertanen in der Unmündigkeit festzuhalten versuchte, ihnen höchstens eine geringfügig erhöhte Rechtssicherheit gewährte und die traditionelle absolutistische Machtpolitik um die Ansätze einer Wohlfahrtspolitik erweiterte. Herausarbeiten kann man jedoch die veränderte Legitimation der Alleinregierung des Fürsten. Hier soll in dieser Unterrichtseinheit der Unterschied zwischen höfischem und aufgeklärtem Absolutismus festgemacht werden. Obgleich der verzehrende

Dienst am Staate bereits bei Friedrich Wilhelm I. voll ausgeprägt war, lassen Materialangebot und Forschungsstand es geraten erscheinen, Friedrich II. als Repräsentanten dieser neuen Form des Absolutismus im Unterricht vorzustellen. „Der Herrscher ist also nicht der absolute Herr, sondern der erste Diener des Gemeinwesens … diese Formel ist keine Schöpfung Friedrichs, aber er war der erste Monarch, der diesen Grundsatz in seiner Regierung konsequent zu verwirklichen suchte" (Gerhard Oestreich im Handbuch der Europäischen Geschichte, Band 4, S. 456).

Für die Erarbeitung des Überschneidungsbereiches bieten sich folgende Phänomene an:

a) die Zurückdrängung des ständischen Einflusses auf die Politik
b) die merkantilistische Wirtschaftsform
c) die Reorganisation und Vermehrung des Heeres
d) die Verwaltungsreformen
e) das Fortbestehen ständischer Privilegien
f) der wachsende Geldbedarf des Staates
g) die expansive Außenpolitik.

Die Unterschiede können bei der Behandlung folgender Themen aufgezeigt werden:

a) die religiöse Toleranz statt der erzwungenen Glaubenseinheit
b) massive Einsparungen bei der Hofhaltung statt aufwendiger höfischer Repräsentation
c) die staatliche Reglementierung des Schulwesens statt kirchlicher Bildungseinrichtungen (vgl. dazu besonders Fragen an die Geschichte 3, S. 32 f.)
d) die Legitimation der Herrschaft aus der Pflicht gegenüber dem Staat statt des Gottesgnadentums
e) die Zuweisung neuer wesentlicher Funktionen an den Adel statt weitgehender Beschränkung der politischen Bedeutung des Adels.

In den hier beschriebenen Stunden über den aufgeklärten Absolutismus werden folgende Gemeinsamkeiten bzw. Unterschiede zu Frankreich herausgestellt:

– der Merkantilismus und die Heeresvermehrung
– die veränderte Legitimation und die religiöse Toleranz.

Dabei wird für den Überschneidungsbereich und für die Unterschiede je eine Stunde der Teileinheit Preußen vorgesehen.

Bei dieser Konzeption des Unterrichts sollte es vermieden werden, daß sich diese Teileinheit verselbständigt; deshalb muß durchgehend der Bezug zu Frankreich, das im Mittelpunkt der bisherigen Erörterungen stand, erhalten bleiben. Für den 2. Unterrichtsschritt der 11. Stunde wird eine Phase mit Kartenarbeit vorgeschlagen, diese übernimmt die Funktion, den neuen Schauplatz kurz einzuführen. Sie kann und will aber eine spätere ausführlichere Darstellung der geschichtlichen Entwicklung Brandenburg-Preußens nicht ersetzen.

Unser Vorschlag, die Prinzipien des absolutistischen Staates aus der Position der freiheitlichen demokratischen Grundordnung der Bundesrepublik Deutschland zu problematisieren, ist nicht ganz unbedenklich, weil bei einer derartigen Aktualisierung eines historischen Phänomens vom Rang der absolutistischen Herrschaftsordnung geschichtlich wirksame Bedingungsfaktoren, also die Gründe für die Andersartigkeit einer Epoche und ihres Wertesystems verwischt werden. Nur wenn es gelingt, diesen Aspekt in den Unterricht einzubringen, kann eine solche Konfrontation sinnvoll und produktiv sein.

Ziele der 11. Stunde:

Die Schüler erkennen,
daß die merkantilistische Wirtschaftspolitik Preußens deckungsgleich mit dem französischen Absolutismus war;

daß diese Wirtschaftspolitik die finanziellen Voraussetzungen für den Aufstieg des preußischen Staates mitgeschaffen hat;

daß das preußische Heer im behandelten Zeitraum eine auffallende Vergrößerung erfahren hat, welche der in Frankreich beobachteten Entwicklung entspricht;

daß das stehende Heer – ähnlich wie in Frankreich – eine der Grundlagen der absolutistischen Macht bildet.

Die Schüler erarbeiten
aus Karten und statistischem Material die geopolitische Situation Preußens am Anfang des absolutistischen Zeitalters und dessen Vergrößerung bis zum Ende des 18. Jahrhunderts;

aus Quellentexten einige Kennzeichen des preußischen Merkantilismus.

Die Schüler beurteilen
die Wirtschaftspolitik Preußens unter dem Aspekt absolutistischer Zielsetzungen;

inwieweit eine Verallgemeinerung der Befunde zum Merkantilismus und der Heeresvermehrung in Preußen mit der Tendenz, einen europäischen Absolutismus modellartig zu definieren, zulässig ist.

Verlaufsskizze:

Unterrichtsschritt 1:
Herstellung eines ersten Bezugs zwischen französischem und preußischem Absolutismus

Der Lehrer berichtet in einer skizzenhaften Geschichtserzählung über den Anspruch Friedrich Wilhelms I. von Preußen auf eine selbständige Regierungsführung in seinem Königreich (1713). Wenn man das vergleichbare Vorgehen Ludwigs XIV. im Jahre 1661 noch nicht dargestellt hat (s. 1. Stunde, Unterrichtsschritt 2), wird man es hier nachtragen müssen. Gegebenenfalls kann auf den Lehrbuchtext zurückgegriffen werden.

Mögliche Gestaltung dieser Erzählungen: Am Morgen nach dem Tode Kardinal Mazarins ließ Ludwig XIV. seinen Staatsrat zusammenrufen. Obgleich er erst 23 Jahre alt war, machte er einen sehr selbstsicheren Eindruck. Ohne lange Umschweife erklärte er den verdutzten Ministern, daß er in Zukunft keinen leitenden Minister mehr brauche; er selbst wolle der erste Minister Frankreichs sein. Alle Mitglieder des Staatsrates wurden herrisch aufgefordert, den König bei seinen Regierungsgeschäften mit Rat und Tat zu unterstützen, aber ihrerseits in Zukunft nichts mehr zu tun, was ihnen nicht vom König selbst aufgetragen worden sei. Ohne Befehl des Königs dürfe nichts mehr unterschrieben werden.
(Vgl. Geschichtliche Weltkunde 2, S. 59; erinnern und urteilen 2, S. 10-6; Handbuch des Geschichtsunterrichts, Band IV., S. 122; Spiegel der Zeiten 3, S. 4; Sieghard Rost, Das Zeitalter des Absolutismus, S. 17.)

Als König Friedrich I. von Preußen 1713 gestorben war, ließ ihn der Thronfolger Friedrich Wilhelm I. mit großem Aufwand bestatten. Bald darauf meldete sich bei ihm sein Freund, der Feldmarschall Fürst Leopold von Anhalt, der hoffte, eine führende Position in der Regierung des neuen Königs einnehmen zu können. Aber er erhielt von Friedrich Wilhelm I. folgenden Bescheid: „Ich selbst werde Finanzminister und Feldmarschall des Königs von Preußen sein, und das wird den König von Preußen stark machen." Und seine Minister zwang er, hart und exakt nach seinen Weisungen zu arbeiten, ja, er ließ diesen sogar ihr Gehalt kürzen oder ganz streichen, wenn sie nicht rechtzeitig zu den Kabinettsitzungen erschienen.
(Vgl. Menschen in ihrer Zeit 3, S. 42; Fragen an die Geschichte 3, S. 40, Q 61; Handbuch des Geschichtsunterrichts, Band IV, S. 151.)

Mögliche Impulse zur Auswertung:
– Was ist das Gemeinsame an diesen beiden Berichten?

- Was läßt sich aus dieser Übereinstimmung – vorläufig für den Absolutismus – schließen?
- Welche Fragen müssen wir jetzt an den preußischen Staat stellen?
- In welchen Bereichen des politischen und gesellschaftlichen Lebens erwarten wir eine Übereinstimmung? (Welche Übereinstimmungen in Politik und Gesellschaft müssen vorliegen, daß man auch in Preußen von einem absolutistischen System sprechen kann?)

Alternative zum Unterrichtsschritt 1:
In einer vorbereitenden schriftlichen Hausaufgabe hat die Hälfte der Klasse aus den Lehrbuchabschnitten über die preußische Geschichte seit 1640 Ereignisse und Erscheinungen zusammengestellt, die sie – aufgrund der Behandlung Frankreichs unter Ludwig XIV. – für „typisch absolutistisch" hält; die Schüler haben diesen Beobachtungen, soweit ihnen dies möglich war, die vergleichbaren Ereignisse und Phänomene aus der französischen Geschichte zugeordnet. Die übrigen Schüler waren gebeten worden, alle Stellen in den betreffenden Lehrbuchabschnitten stichwortartig zusammenzufassen, welche über Maßnahmen und Erscheinungen in Preußen berichten, die sich von denen des französischen Absolutismus deutlich unterscheiden, gegebenenfalls sollen sie die andersartigen Formen in Frankreich konfrontieren. Die Besprechung dieser Hausaufgabe, zu der auch die Zitate und Stellungnahmen zum Absolutismus aus der 1. Stunde (Alternative zu den Unterrichtsschritten 2 bis 4) herangezogen werden können, bildet einen brauchbaren Einstieg in die Behandlung Preußens. Man antizipiert bereits hier einen Teil der späteren Ergebnisse; in ersten Hypothesen formulieren die Schüler, daß es sich beim Absolutismus um eine nicht auf Frankreich beschränkte Herrschaftsform handelt und daß der Absolutismus sowohl in Frankreich wie auch in Preußen andererseits spezifische Ausprägungen aufweist.
Diese Alternative stellt verhältnismäßig hohe Anforderungen an die Kompetenz der Schüler und kann deshalb nur für eine leistungsfähige Klasse empfohlen werden.

Unterrichtsschritt 2:
Kartenarbeit zur preußischen Geschichte
Den Schülern wird eine Kartenreihe vorgelegt, aus welcher die wichtigsten Entwick-

lungsphasen des preußischen Staates von 1640 bis 1800 entnommen werden können (Geschichtsatlas oder Lehrbuch, ggf. Folie; vgl. Putzger, S.89; Völker, Staaten und Kulturen, S.67; CVK-Atlas zur Geschichte, S.26f.; Fragen an die Geschichte 3, S.28 und 46; erinnern und urteilen 2, S.10–25 – s. Arbeitsblatt zur 11. Stunde).

Mögliche Auswertungsfragen:
- Welche Veränderungen durchläuft Preußen in der Zeit von 1640–1795?
- Welche Vorteile/welche Schwierigkeiten können sich aus der geographischen Lage der Neuerwerbungen ergeben?
- Welche Fragen muß man jetzt stellen?
- Warum haben die preußischen Fürsten den Absolutismus als Regierungsform gern aufgegriffen?
- Inwiefern unterscheidet sich Preußen von Frankreich hinsichtlich seines Territoriums?

Alternative zum Unterrichtsschritt 2:
Wenn die Zeit zur intensiven Kartenarbeit nicht verfügbar ist, können die wichtigsten Informationen zur Ausbreitung und zur Lage Preußens in einem kurzen Lehrervortrag an der Wandkarte vermittelt werden.

Unterrichtsschritt 3:
Quellenauswertung zur Finanz- und Wirtschaftspolitik in Preußen
Die Schüler wissen bereits, es geht in dieser Stunde um den Nachweis, daß der Absolutismus in Preußen ein ähnliches Erscheinungsbild aufweist wie der französische.
Die vermutete Übereinstimmung wird nun mit zwei Quellenauszügen belegt (Hektographie oder Lehrbuch).

1. Aus Friedrich Wilhelms I. Instruktion für das Generaldirektorium (1722) (Geschichtliche Quellenhefte 6, S.44f.; Grundzüge der Geschichte, Quellenband I, S.353).

Zusammenfassung:

Alle nur denkbaren Manufakturen sollen angesiedelt werden. – Die Ausfuhr einheimischer Wolle soll in Zukunft durch Erhängen bestraft werden. – Der Kornpreis soll durch Aufkauf und Lagerung bei Überangebot und durch Verkauf aus den Magazinen im Falle der Teuerung auf einem mittleren Niveau gehalten werden.

2. Aus dem Politischen Testament Friedrichs II. (1759) (Geschichtliche Quellenhefte 6, S. 45; Grundzüge der Geschichte, Quellenband I, S. 354–357 und S. 359 f.).
Zusammenfassung:

Das grundsätzliche Ziel der Handels- und Gewerbepolitik ist eine aktive Handelsbilanz. – Dafür muß möglichst alles im eigenen Land produziert werden, was man sonst von draußen bezieht. – Als zweites Mittel, um den Abfluß des Geldes ins Ausland einzudämmen, nennt Friedrich II. den Einkauf am Produktionsort, damit einheimische Händler dabei verdienen. – Schließlich weist er darauf hin, daß die Nachbarstaaten Polen und Rußland auf Einfuhren aus dem höher entwickelten Preußen angewiesen sind. – Privilegien, Steuererleichterungen und Kredite sollen die Fabrikanten und Kaufleute bei ihren Unternehmungen fördern.

Die Schüler werden gebeten, den merkantilistischen Charakter dieser Forderungen zu identifizieren. Dabei können die Ergebnisse der 3. und 4. Stunde (französischer Merkantilismus) herangezogen werden.
Impulse für die Auswertung:
– Vergleicht diese Anregungen mit der Wirtschaftspolitik Colberts?
– Welche Wirtschaftsbereiche werden in den beiden preußischen Texten angesprochen?
– Warum soll die Wirtschaft gefördert werden?

– Welche Thesen können wir jetzt formulieren? (Erwartete Schülerbeiträge: Nicht nur in Frankreich, sondern auch in Preußen bemüht sich der absolutistische Staat um den Aufbau der Wirtschaft. – Auch in Preußen ist das Hauptziel dabei die aktive Handelsbilanz. – Der tiefere Grund dürfte auch hier bei der Absicht, höhere Staatseinnahmen möglich zu machen, zu suchen sein.)

(Weitere geeignete Texte findet man in: Menschen in ihrer Zeit 3, S. 50; Fragen an die Geschichte 3, S. 30–32; Handbuch des Geschichtsunterrichts IV, S. 155–159; vgl. auch die Karte in: erinnern und urteilen 2, S. 10–25.)

Unterrichtsschritt 4:
Vergleich von Zahlen zur Heeresvermehrung in Preußen und Frankreich
Die Schüler erhalten folgende Zahlen als Arbeitsunterlage (Hektographie, Tafel oder Folie):

Die Stärke des preußischen Heeres betrug:		zum Vergleich die Einwohnerzahl:
1660:	8 000	1,2 Millionen
1688:	30 000	1,3 Millionen
1713:	38 000	1,7 Millionen
1740:	83 000	2,2 Millionen
1786:	188 000	6,1 Millionen

zum Vergleich:
Bundesrepublik Deutschland

1978:	493 000	61 Millionen

Fragen und Aufgaben zur Auswertung:
– Setze die Statistik zur Heeresstärke und zu den Einwohnerzahlen in Preußen graphisch um!
– Welche Entwicklung kann man aus diesen Zahlenreihen ablesen?
– Vergleiche die Entwicklung in Frankreich! (s. 1. Stunde, Unterrichtsschritt 4).
– Welche Rückschlüsse auf den Absolutismus lassen diese Zahlen zu?
(Weiteres Zahlenmaterial in: Zeiten und

Menschen 3, S. 34; Fragen an die Geschichte 3, S. 35).

Kerls", Friedrich II. als Exerziermeister, Reiterstandbild des Großen Kurfürsten usw.

Empfohlene Exkurse zur Vertiefung und Erweiterung:
1. Berechnung des Anteils der Ausgaben für das Militär am gesamten Staatseinkommen.
2. Auswertung einer Bilderreihe, welche den militärischen Zuschnitt des preußischen Staates verdeutlicht (Episkop oder Diareihe); geeignet: Friedrich Wilhelm I. inspiziert die „Langen

Unterrichtsschritt 5:
Zusammenfassung der Ergebnisse
Die Schüler werden aufgefordert, Gemeinsamkeiten des Absolutismus in Frankreich und in Preußen zusammenzustellen; dazu gibt man eventuell folgendes Schema vor:

Ähnliche Erscheinungsformen des Absolutismus
in Frankreich und in Preußen

1. Stellung des Königs:	
2. Militär:	
3. Wirtschaft:	
4. Außenpolitik:	

(Erwartete Vorschläge der Schüler: – Der König fordert, daß seine Weisungen uneingeschränkt ausgeführt werden. Der Adel wird politisch entmachtet. – Das stehende Heer erfährt in beiden Staaten eine enorme Vergrößerung. – Die staatliche Wirtschaftspolitik fördert Gewerbe und Handel. Ihr Ziel ist in beiden Staaten die aktive Handelsbilanz und die Vermehrung der Staatseinnahmen. – Die Außenpolitik ist in beiden Ländern auf Erweiterung und Eroberung ausgerichtet. Das Staatsinteresse bestimmt die Außenpolitik.)

Am Schluß dieser Unterrichtsphase wird die Möglichkeit einer Verallgemeinerung absolutistischer Erscheinungsformen und absolutistischer Politik diskutiert und die vorschnelle Behauptung, daß eine uneingeschränkte Identität zwischen dem französischen und dem preußischen Absolutismus bestehe, problematisiert. Diese kritische Distanzierung von den im Schema gegebenenfalls festgehaltenen Befunden soll durch die Hausaufgabe verstärkt werden.

Hausaufgabe:

Im Lehrbuch über den Absolutismus in England oder Rußland nachlesen. Übereinstimmung und Unterschiede zum Absolutismus in Preußen und Frankreich herausschreiben.

BRANDENBURG – PREUSSEN (1796)

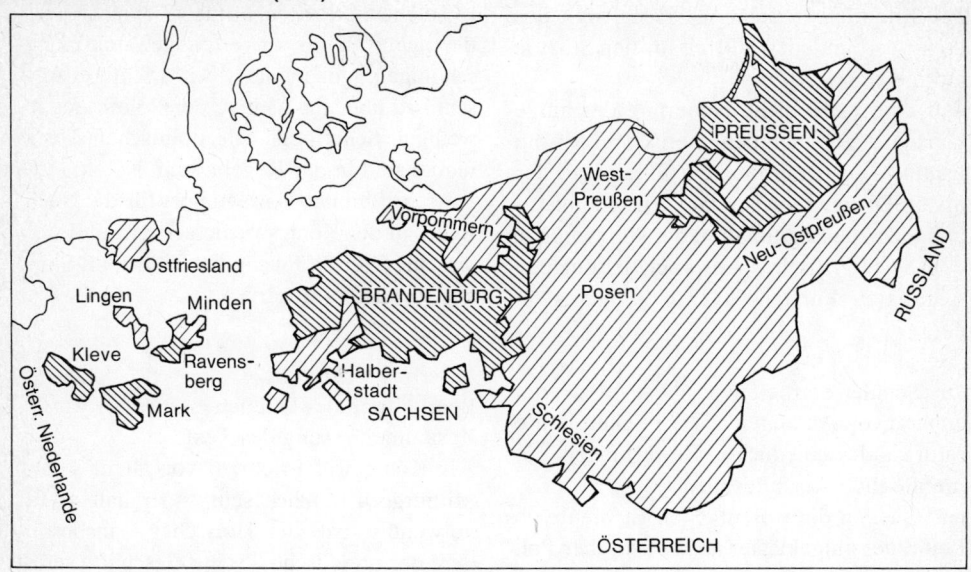

Brandenburg erweitert um	Art der Erweiterung	Folgen für Preußen
1. 1614: Kleve, Mark, Ravensberg	Vertrag	Landbesitz in Streulage
2. 1618: Ostpreußen	Erbfall	vom Reich weitgehend unabhängiger Landzuwachs, getrennt von Brandenburg
3. 1648: Halberstadt, Kammin, Minden, Hinterpommern, Magdeburg	Bestimmungen des Westfälischen Friedens	Abrundung des verstreuten Landbesitzes
4. 1720: Vorpommern	Bestimmungen des Friedensschlusses nach dem Nordischen Krieg	verstärkter Einfluß in Norddeutschland
5. 1763: Schlesien	kriegerische Ausdehnung, behauptet im Friedensschluß nach dem Siebenjährigen Krieg	Aufstieg zur europäischen Großmacht
6. 1772–1795: Westpreußen, Posen, Südpreußen, Neuostpreußen	widerrechtliche Teilung Polens	Vergrößerung des Anteils der nichtdeutschen Bevölkerung; gemeinsame Grenze mit Rußland

67

Ziele der 12. Stunde:

Die Schüler erkennen,
daß Friedrich II. seine Herrschaft mit dem damit verbundenen Vorteil für den Staat legitimiert;
daß eine wesentliche Neuerung des aufgeklärten gegenüber dem höfischen Absolutismus in der Definition des Fürsten als dem ersten Diener seines Staates zu sehen ist;
daß die neue Legitimation der Herrschaft an dem absolutistischen Anspruch der uneingeschränkten Fürstensouveränität nichts ändert.

Die Schüler erarbeiten
anhand von Auszügen aus der Sekundärliteratur unterschiedliche Bewertungen des preußischen Absolutismus;
aus Quellen die wesentlichen Elemente des Leitbildes aufgeklärter absolutistischer Politik.

Die Schüler beurteilen
die Unterschiede zwischen höfischem und aufgeklärtem Absolutismus im Hinblick auf die Regierungspraxis und die Stellung des Fürsten;
die Kritik des Freiherrn vom Stein am preußischen Absolutismus;
die Staatskonzeption des aufgeklärten Absolutismus aus dem Aspekt eines demokratischen Staatsverständnisses (Grundgesetz der Bundesrepublik Deutschland).

Verlaufsskizze:

Unterrichtsschritt 1:
Lehrervortrag zur Einführung in die Quellenarbeit: politische Testamente
Im Zeitalter des Absolutismus haben viele Staatsmänner und Könige die Grundsätze ihrer Politik niedergeschrieben. Man bezeichnete solche Darstellungen gern als „politisches Testament". Friedrich II. hat sein politisches Testament bereits 1752 begonnen und bis 1768 immer wieder erweitert. Es ist in französischer Sprache abgefaßt. Obgleich in solchen Schriften oftmals versucht wird, die eigene Politik zu verteidigen und zu beschönigen, geben sie doch wichtige Aufschlüsse über die Motive der Politik des jeweiligen Schreibers. Die politischen Testamente sind in der Regel als ein Katalog von Vorschriften und Anregungen für die Nachfolger in der Königswürde gedacht und wollen eine Weiterführung der Politik im Sinne des Verfassers sichern.

Unterrichtsschritt 2:
Bearbeitung des Quellenauszugs
Zusammenfassung des Textes:
Als König will Friedrich vor allem seinen Mitbürgern nützlich sein. – Er hält es für notwendig, daß der Herrscher – insbesondere der preußische – seine Geschäfte selbst führt. – Denn die Minister haben nicht immer ausschließlich die Interessen des Staates im Auge. – Außerdem kann ein Fürst, der selbst regiert, rascher seine Entschlüsse in die Tat umsetzen, als derjenige, welcher von seinen Ministern abhängig ist. – Der Herrscher soll nicht auf Kosten des Volkes ein Leben in Luxus führen. – Er ist vielmehr der erste Diener seines Staates. – Dies bedeutet, daß der Herrscher hart arbeiten muß. – Der Herrscher soll sein Volk lieben und ihm sein Los so leicht wie möglich machen. – Friedrich will nicht in schwebende Gerichtsverfahren eingreifen, er will aber über die unbestechliche Amtsführung der Richter wachen und jeden Amtsmißbrauch hart bestrafen.

Impulse für die Auswertung:
– Stelle die Leitgedanken der Politik Friedrichs II. kurz zusammen!
– Wodurch unterscheidet sie sich von der Politik Ludwigs XIV.?
– Was ist an diesen Leitgedanken absolutistisch?

Unterrichtsschritt 3:

Auswertung einer Übersicht über innenpolitische Maßnahmen Friedrich Wilhelms I. und Friedrichs II.
Folgende Übersicht wird vorgelegt (Folie oder Hektographie):

1. Einrichtung einer Oberrechnungskammer, die alle staatlichen Ausgaben und Einnahmen unparteiisch überprüfen muß.
2. Aufnahme von 15 000 aus Salzburg vertriebenen Protestanten.
3. Bestätigung und Sicherung des Adels als wichtigsten Stand im Staate.
4. Wiederaufbau des durch die Pest entvölkerten Teils Ostpreußens.
5. Bau von Straßen, Magazinen und Kanälen.
6. Urbarmachung von Sumpfgebieten.
7. Duldung aller Konfessionen nebeneinander.
8. Abschaffung der Folter.
9. Neugründung zahlreicher Dörfer.
10. Anregung für ein allgemeines Gesetzbuch (1794 als „Allgemeines Preußisches Landrecht" verkündet).
11. Zulassung des Jesuitenordens in Preußen.
12. Einführung der allgemeinen Schulpflicht.
13. Vergrößerung des Heeres.
14. Vorschriften für die Produktion von gewerblichen Gütern.

Auf die einzelnen Punkte dieser Aufzählung sollte, wenn es die Zeit zuläßt, erklärend eingegangen werden. Die Aufgabe für die Schüler besteht darin, die einzelnen Maßnahmen bestimmten Bereichen (Wirtschaft, Recht, gesellschaftliche Ordnung, Religion) zuzuweisen; im Unterrichtsgespräch wird man auf die Vielfalt dieses Katalogs eingehen und durch einen Vergleich mit der Politik Ludwigs XIV. erneut den Überschneidungsbereich und die Unterschiede zwischen höfischem und aufgeklärtem Absolutismus bewußtmachen.

Unterrichtsschritt 4:

Ansätze zu einer kritischen Beurteilung des preußischen Absolutismus
Den Ausgangspunkt dieser abschließenden Bewertung bildet eine Äußerung des Freiherrn vom Stein über die Regierungsweise Friedrichs II. (erinnern und urteilen 2, S. 10–25).
Zusammenfassung:
Vom Stein führt aus, daß die Verwaltung Preußens unter Friedrich II. wohltätig, milde und dem Staate insgesamt zuträglich gewesen sei. – Er merkt kritisch an, daß alles auf die Selbstregierung des Monarchen ausgerichtet war: „alle Kräfte erwarteten den bewegenden Stoß von oben…"
Um die Kritik am preußischen Absolutismus zu intensivieren, empfehlen wir, bereits an dieser Stelle – unvermittelt – einige Prinzipien der freiheitlichen demokratischen Grundordnung der Bundesrepublik Deutschland zu konfrontieren (etwa Artikel 20 des Grundgesetzes oder die Definition der Grundordnung der Bundesrepublik Deutschland nach dem Urteil des Bundesverfassungsgerichtes aus dem Jahr 1952).

Alternative zum Unterrichtsschritt 4:
An die Stelle des Urteils über den aufgeklärten Absolutismus aus dem 19. Jahrhundert kann auch eine Zitatensammlung, die man aus der wissenschaftlichen Literatur (ggf. auch aus verschiedenen Lehrbüchern) zusammenstellt, treten. Dabei ist darauf zu achten, daß möglichst kontroverse Stellungnahmen dokumentiert werden, damit die Schüler die ganze Bandbreite der möglichen Beurteilungen erfahren und sich mit einzelnen Meinungen identifizieren können.

Unterrichtsschritt 5:

Historische Verortung der Epoche
Im Rückgriff auf die 2. Stunde wird nun der Absolutismus als eine Übergangsepoche zwischen dem Mittelalter und der Moderne definiert. Dazu werden frühere Befunde noch einmal aufgegriffen.
Wir empfehlen zur Strukturierung dieses Auswertungsgesprächs folgendes Raster:

	der vorabsolutistische Staat	der absolutistische Staat	der nachabsolutistische Staat
Staatsgewalt			
Staatszweck			
Rechtfertigung			

13. Stunde:
Die deutschen Duodezfürsten und der Absolutismus

Zur didaktischen Funktion:

Dieses Thema steht nicht etwa deshalb am Ende dieser Unterrichtseinheit, weil in ihm das Zeitalter des Absolutismus seinen krönenden Abschluß findet. Im Gegenteil: An der kleinstaatlichen Ausprägung absolutistischer Formen wird deutlich, wie ein historisches Phänomen, daß – wie gezeigt wurde – in Staaten wie Frankreich und Preußen seine Berechtigung hatte, ohne innere Funktion als äußere Erscheinung übernommen wird und wie eine solche Übernahme ohne wirtschaftliche und machtpolitische Grundlage für die Bevölkerung nur negative Folgen haben kann. (Die Vernachlässigung absolutistischer Erscheinungsformen in einigen deutschen Mittelstaaten wird dabei durchaus gesehen.) Sicher kann dieses Thema auch an anderer Stelle der Unterrichtseinheit eingeschoben werden, z. B. – wie in verschiedenen Lehrbüchern vorgesehen – als Kontrasterscheinung parallel zur Behandlung der Selbstdarstellung Ludwigs XIV. Dort aber verliert es eine wichtige Funktion, nämlich zu der Frage überzuleiten nach dem Eigenwert des Individuums, nach der Forderung und der Verwirklichung der Rechte des einzelnen, wie sie in den Verfassungen der USA und des revolutionären Frankreichs manifestiert wurden. Die Beschränkung des Themas auf zwei Gesichtspunkte bietet sich deshalb an:

1. auf die Diskrepanz, die zwischen fürstlicher Prachtentfaltung und wirtschaftlicher Potenz der Kleinstaaten besteht, und
2. auf die bedenkliche Art der Beschaffung der notwendigen Mittel für die Aufwendungen der Höfe, die eine völlige Verachtung der Menschenwürde erkennen läßt.

Dabei sollte der Altersstufe der Schüler entsprechend von der konkreten Anschauung ausgegangen werden: der Vergleich von Duodez-Residenzen und ihren prachtvollen verschwenderischen Bauten mit der Winzigkeit der Territorien, der geringen Bevölkerungszahl und den minimalen Staatseinnahmen reicht völlig aus, die Problematik der Finanzierung der fürstlichen Hofhaltungen zu erfassen.

Im allgemeinen kann man sich dabei auf das Phänomen des „Soldatenverkaufs" beschränken.

In Klassen, deren Schüler mehr auf anschauliche Situationsberichte als auf die Analyse historischen Quellenmaterials ansprechen, wird man die (in der Verlaufsskizze) aufgeführten zeitgenössischen literarischen Zeugnisse in den Mittelpunkt stellen. Dabei muß wohl auf den biographischen Hintergrund und die individuelle Situation und damit auf die Frage nach der besonderen Intention der Autoren weitgehend verzichtet werden. Trotz aller Bedenken, historische Erscheinungen im Spiegelbild der Literatur unreflektiert zu betrachten, kann gerade bei diesem Thema das Wagnis unternommen werden.

Als kontrastierende Erweiterung der Frage, wie hoch der Wert der Würde des Einzel-

Hektographie und/oder Folie
evtl. Lehrbuch

otizen | **Tafelanschrieb**

Das Zeitalter des Absolutismus
in England: 1600–1689
in Frankreich: 1600–1789
in Deutschland: 1640–1871

- Der König steht über dem Gesetz.
- Der König herrscht unbeschränkt.

Problemfragen:
1. Warum schließt der König den Adel von der
   Gesetzgebung aus?
2. Inwiefern ändert sich dadurch die Stellung des
   Königs?

3. Warum greift der König in die Wirtschaft ein?
4. Worin liegt der Unterschied zu früher?

U'formen	U'materialien und U'inhalte

Unterrichtsschritt 4:

Statistik
auswerten:
U'gespräch

Hektographie/Folie/Nebentafel:
Verstärkung des franz. Heeres 1664–1703

Fragen: Mögliche Ursachen für die Verstärkung? –
Welche Probleme ergeben sich?

Unterrichtsschritt 5:

Lehrervortrag
oder Zeittafel
auswerten

Vermittlung von Informationen:
Ereignisse, die zum Absolutismus in Frankreich führen

Fragen: Inwiefern schaffen diese Ereignisse Voraussetzungen für den Absolutismus?

Hausaufgabe: Suche bitte im Lehrbuch drei Beispiele, die zur Beschreibung der uneingeschränkten Stellung König Ludwigs XIV. geeignet erscheinen! Fasse die von dir gewählten Beispiele kurz schriftlich zusammen!

nkreich)

Unterrichtsmaterialien:
- Hektographie und/oder Folie
- Lehrbuch
- Quellenheft

Notizen	Tafelanschrieb
(Alternative)	**Worauf stützt sich die absolutistische Herrschaft des Königs?**

Notizen	Tafelanschrieb
(Erweiterung)	1. Der König regiert selbständig. 2. Vom König besoldete Beamte sorgen dafür, daß der Wille des Königs überall durchgesetzt wird.
(Erweiterung)	3. Das stehende Heer war immer einsatzbereit und gehorchte nur den Befehlen des Königs.

U'formen	U'materialien und U'inhalte

Unterrichtsschritt 4:

Quelle auswerten: Stillarbeit/ U'gespräch	Hektographie/Lehrbuch: Aufhebung des Edikts von Nantes Fragen: Wie kann die Anordnung beurteilt werden? – Welche Vorteile hatte der König von dieser Maßnahme?

Unterrichtsschritt 5:

Stillarbeit	Schriftliche Aufgabe: Formulierung von Thesen zu vorabsolutistischen Zuständen
U'gespräch	Auswerten der schriftlichen Aufgabe

Unterrichtsschritt 6:

U'gespräch	Ausfüllen der Skizze „Säulenmodell"
Stillarbeit	Entwerfen einer entsprechenden Skizze für die vorabsolutistische Zeit

Hausaufgabe:
Belege die gefundenen Thesen durch Einzelheiten aus deinem Lehrbuch!

Notizen	Tafelanschrieb

(Erweiterung)

Die Wirtschaftsform des Absolutismus

Staatsausgaben steigen in Frankreich stark an; besonders unter Ludwig XIV.

stehendes Heer   kgl. Beamte   kgl. Hofhaltung

1678 hat Frankreich hohe Schulden

Großer Geldbedarf des franz. Staates

[Nebentafel:

Einnahmen → Staat ← Einnahmen

landwirtschaftliche Erzeugnisse

handwerkliche Erzeugnisse

können leichter vermehrt werden.]

Colberts Lösungsvorschläge:

1. Vermehrung des Geldbesitzes in Frkr. durch Handel: viel Export/wenig Import

= Merkantilismus ist Handelswirtschaft

U'formen	U'materialien und U'inhalte

Unterrichtsschritt 3:

Quelle auswerten:
U'gespräch

Hektographie/Lehrbuch:
Denkschrift Colberts an Ludwig

Frage: Was wollte Colbert mit diesem Satz dem König nahelegen?

Vorgaben auswerten:
Stillarbeit

Hektographie:
Gesetze und Maßnahmen Colberts

Mögliche Antworten:
1. besserer Handel in ganz Frankreich
2. billigerer Transport von Waren
3. einheitliches Wirtschaftsgebiet
4. wenig Import von Fertigwaren
5. Rohstoffe bleiben in Frankreich
6. Geld bleibt in Frankreich
7. Arbeitskräfte bleiben in Frankreich
8. eigene/billige Rohstoffe
9. eigener/billiger Transport
10. billige Produktion/konkurrenzfähig
11. billige Lebensmittel für Arbeiter

Keine Hausaufgabe

Unterrichtsmaterialien:
- Hektographie
- Folien
- Lehrbuch

Notizen	Tafelanschrieb
	(Eintragungen in die Hektographie)
(Erweiterung)	Zeitgenössische Urteile über die absolutistische Gesellschaft

	Richelieu	Bruyère/Vauban
Adel	staatstragend; soll Privilegien behalten	ohne Bedeutung für den Staat; Schmarotzerdasein
3. Stand (Bürger, Bauern, Arbeiter)	gesetzlose Masse; muß niedergehalten werden	staatstragend; erarbeitet den gesamten Wohlstand

U'formen	U'materialien und U'inhalte

Unterrichtsschritt 3:

Info umsetzen:
Stillarbeit

Hektographie/Lehrbuch:
Die Zusammensetzung der französischen Bevölkerung
im Absolutismus
Ergebnisse: 1. Stand = ca. 0,5%
              2. Stand = ca. 1,5%
              3. Stand = ca. 98%

Unterrichtsschritt 4:

U'gespräch

Vergleich: gesellschaftl. und politische Stellung und
wirtschaftliche Bedeutung der Stände

Fragen: Welcher Stand ist der wichtigste? –
Was entscheidet über die Stellung eines Standes? –
Wo sind Probleme zu sehen?

Keine Hausaufgabe

V.)

Unterrichtsmaterialien:

- Lehrbücher   – Bilder
- Atlas   – Hektographie
- Quellen   – Folie

	Notizen
der Ergebnisse; dabei immanente Entwicklung des Tafel-	(Alternative)
von dem Leben eines einfachen Bürgers?	
ein solcher Hof überhaupt möglich ist?	
stellen?	
nstruktion einer möglichen Erwiderung.	

Tafelbild:

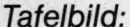

Warum läßt Ludwig XIV. das
Warum gibt er so viel Geld f

Schloß und Park von Versailles:
Mittelpunkt des Staates
Sitz des Königs
20 000 Räume, 1400 Springbrunnen, Spiegelsaal (73 m lang)
Hofgesellschaft
Adel
Soldaten und Diener
Beamte
etwa 20 000 Menschen
Bewußtsein von Macht und Stärke
Französisches Volk
Fin

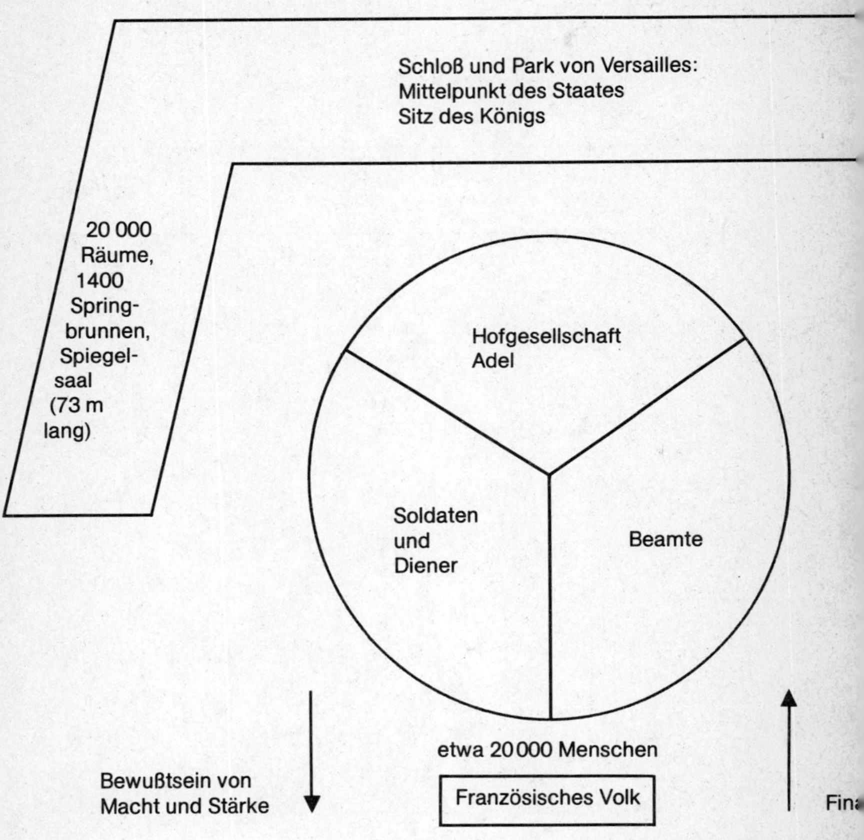

Zweck: Nicht mehr Wehrhaftigkeit, sonde
des Glanzes des absolutistischen

Hausaufgabe:

Vorbereitende Quellenlektüre (Staatstheoretiker)

Unterrichtsmaterialien:
– Hektographie
– evtl. Lehrbuch

Notizen	Tafelanschrieb

Die Rechtfertigung der absolutistischen Herrschaft in Frankreich

[Nebentafel:
– Sicherung gegen Aufstände und Widerstand
– Erhöhung des kgl. Ansehens
– Sicherheit und Wohlfahrt des Volkes
– Begründung der neuen Regierungsform]

(Alternative)

(Alternative)

Bischof Bossuet (1682):
Die Politik nach den Worten der Hl. Schrift

Voraussetzungen: NATUR, VERNUNFT, GOTTES WILLE

Stellung der Fürsten	Stellung der Untertanen
1. höherer Standort	1. als Untertan geboren
2. Diener u. Statthalter Gottes	2. zum Gehorsam verpflichtet
3. Besitz der Gewalt	3. kein Recht auf Widerstand
4. keine Rechenschaftspflicht	
5. Verkörperung des Staates	

Zweck: Durchsetzung des Guten / Verhinderung des Bösen / Garantie der Dauerhaftigkeit des Staates / Wahrung der Einheit

U'formen	U'materialien und U'inhalte

Unterrichtsschritt 3:

Quelle vergleichen: U'gespräch oder Stillarbeit	Hektographie/Lehrbuch/Quellenheft: Kardinal de Retz und Locke
	Fragen: Unterschiede zu Bossuet? – Mögliche Reaktion Ludwigs XIV.?
	Ergebnisse: siehe TA

Mögliche Hausaufgabe:

Wiederhole bitte im Lehrbuch die Ergebnisse des Westfälischen Friedens (1648) und des Pyrenäen-Friedens (1659) für Frankreich. (Kurze schriftliche Zusammenfassung)

Notizen	Tafelanschrieb

	Kritik eines Adligen (Kardinal de Retz, 1648)	FÜRSTENSOUVERÄNITÄT	Kritik eines Anhängers der Vertragstheorie (John Locke, 1690)
(Erweiterung)	Der Monarch muß die Stände an der Politik mitwirken lassen. ◄►	◄►	Es gibt keine absolute Gewalt. Die Herrschaft muß mit Zustimmung und im Interesse des Volkes ausgeübt werden.

Alternativen/Exkurse/Ergänzungen:

Alternativen zu U'schritt 2: Äußerungen aus Memoiren und polit. Testamenten einiger absolutistischer Herrscher; selbständige Erarbeitung des Schemas.
Erweiterung zu U'schritt 3: kritische Beurteilung aus der Sicht des Grundgesetzes (Art. 20)

8. Stunde:
Die staatstheoretische Legitimation des Absolutismus

Schwerpunkte/Problemstellungen:
– staatstheoretische Texte (Bossuet, Locke, evtl. Bodin)
– Legitimationsbedürfnis der absolutistischen Herrschaft

U'formen	U'materialien und U'inhalte

Unterrichtsschritt 1:

U'gespräch	Vorstellung des Themas
	Fragen: Wie hat wohl Ludwig XIV. seine Herrschaft gerechtfertigt? – Warum war eine Rechtfertigung überhaupt nötig?
	Vorläufige Hypothesen der Schüler

Unterrichtsschritt 2:

Lehrervortrag	Vorinformation: Jacques-Bénigne Bossuet – bürgerl. Herkunft – unter Ludwig XIV. Bischof v. Paris – Hofprediger des Kgs. – gr. Einfluß am Hof – viele Schriften.
Quelle auswerten: U'gespräch oder Stillarbeit	<u>Hektographie/Lehrbuch/Quellenheft:</u> Auszug aus Bossuet: „Die Politik nach den Worten der Hl. Schrift" (1682)
	Fragen: Welche Stellung weist B. dem Fürsten und den Untertanen zu? – Wie begründet er seine Ansicht?
	Ergebnisse: siehe TA

Unterrichtsmaterialien:

– Wandkarte
– Atlas/Folie
– Lehrbuch
– Hektographie

Notizen	Tafelanschrieb

Die französische Außenpolitik in der Zeit Ludwigs XIV.
(1661 – 1715)

Kriege gegen die Nachbarstaaten seit 1667
Reunionen seit 1680
Hilfsgelder an europäische Fürsten seit 1668
Ausdehnung des franz. Kolonialbesitzes seit 1677

↓

Folgen

Wirtschaftliche Zerrüttung Frankreichs
Durchsetzung des englischen Anspruchs: europäisches Gleichgewicht
Erwerb von Gebieten im Elsaß (Straßburg) und in Lothringen

U'formen	U'materialien und U'inhalte

Unterrichtsschritt 3:

**Statistik aus-
werten:
U'gespräch**

Hektographie/Folie:
Analyse der militärischen Machtmittel Frankreichs.

Fragen: Welche Aussagen läßt die Statistik zu? –
Begründung der Ausweitung des militär. Sektors? –
Rückwirkungen auf den Staatshaushalt?

Ergebnisse: Militär als Stütze des Absolutismus – Ruhm
und Machtanspruch des Monarchen – aggressive
Außenpolitik – neues Steuersystem.

Unterrichtsschritt 4:

Lehrervortrag

Wirtschaftliche Motive für die französische Außenpolitik:
Konkurrenzverhältnis zwischen Frankreich und den
Niederlanden – qualitative Überlegenheit der holländischen Produkte – größere Handelsflotte der NL –
dichtes Netz von holländischen Handelsstützpunkten.

U'gespräch

Zwei Zitate: Colbert und Vauban.

Fragen: Verbindung zwischen den Zitaten und der
franz. Außenpolitik.

Keine Hausaufgabe

Unterrichtsmaterialien:
– Quellentexte
– Lehrbuch
– Hektographie

Notizen	Tafelanschrieb

(Alternative)

Kritik am Absolutismus: Fénelon (1699):
Der König ist den Gesetzen unterworfen.
Der König soll bescheiden leben.
Der König ist fehlerhaft.
Die Ratgeber des Königs sind oft schlechte Menschen.

Vauban (1698):
Die Ärmsten tragen die Hauptlast der absolutistischen Politik.
Diese Belastung nimmt ständig zu.
Die vielen Kriege haben Frankreich an den Rand des Verderbens gebracht.

U'formen	U'materialien und U'inhalte

Unterrichtsschritt 4:

Lehrervortrag	Kurze Angaben zu Saint-Simon: Zurücksetzung durch Ludwig XIV. – Führer der Opposition des Hochadels – Ziel: Wiederherstellung ständischer Privilegien und Mitwirkungsrecht des Adels
Quelle auswerten: Stillarbeit/ U'gespräch	Hektographie/Quellensammlung: Kritik Saint-Simons Fragen: Wogegen richtet sich Saint-Simons Kritik? – Woran kann man erkennen, daß er ein Angehöriger des Hochadels ist? – Warum hat Saint-Simon anonym geschrieben?

Unterrichtsschritt 5:

Stillarbeit/ U'gespräch	Überprüfung der Kritik anhand eines Schemas. Die Schüler nehmen mit kurzen Bemerkungen Stellung zu den Vorwürfen gegen die absolutistische Herrschaftsform.

Hausaufgabe:
Gegebenenfalls Umsetzung weiterer Texte zur Kritik am Absolutismus; oder: Im Lehrbuch absolutistische Elemente aus der preußischen Geschichte suchen und kurz schriftlich festhalten (s. Alternative zum U'schritt 1 der 11. Stunde).

Absolutismus) I

Unterrichtsmaterialien:
- Atlas
- Lehrbuch
- Hektographie
- Quellenheft

Notizen	Tafelanschrieb
(Alternative)	Der Absolutismus in Frankreich und in Preußen (Unterschiede und Übereinstimmungen)
Alternative)	

U'formen	U'materialien und U'inhalte

Unterrichtsschritt 3:

Quelle auswerten:
U'gespräch

Hektographie/Lehrbuch/evtl. Folie:
1. Friedrich Wilhelm I.: Instruktion für das Generaldirektorium (1722)
2. Friedrich II.: Politisches Testament (1759)

Fragen: Welche Wirtschaftsbereiche? – Warum
Förderung der Wirtschaft? – Vergleich mit der Wirtschaftspolitik Colberts?

Formulierung von Thesen

Unterrichtsschritt 4:

Statistik auswerten:
U'gespräch
oder Stillarbeit

Hektographie oder Folie:
Verstärkung des preußischen Heeres

Fragen: graph. Umsetzung – Entwicklungstrends –
Vgl. mit der Entwicklung in Frankreich

Formulierung von Thesen

Unterrichtsschritt 5:

Schema ausfüllen:
Stillarbeit

Vorgegebenes Schema (Tafel):
ähnliche Erscheinung des Absolutismus in Frankreich
und Preußen

Hausaufgabe:
Im Lehrbuch über den Absolutismus in England, Österreich oder Rußland
nachlesen.
Übereinstimmungen und Unterschiede zum Absolutismus in Frankreich
und in Preußen herausschreiben.

Notizen	Tafelanschrieb

Übereinstimmungen in der Wirtschaftspolitik Frankreichs und Preußens:
- Aufbau einer funktionsfähigen Wirtschaft
- Ziele: aktive Handelsbilanz
  hohe Staatseinnahmen

Merkantilistische Wirtschaftspolitik –
ein wesentliches Kennzeichen des Absolutismus

Übereinstimmung in der Militärpolitik Frankreichs und Preußens:
Die Verstärkung des stehenden Heeres ist ein wesentliches Kennzeichen des Absolutismus.

Erweiterung)

Ähnliche Erscheinungen des Absolutismus in Frankreich und Preußen
(Zusammenfassung)
1. Stellung des Königs:
2. Militär:
3. Wirtschaft:
4. Außenpolitik:

Alternativen/Exkurse/Ergänzungen:
Alternative zu U'schritt 1: Auswerten der vorbereitenden HA.
Alternative zu U'schritt 2: LV über die Entwicklung Brandenburg-Preußens
evtl. mit TA).
Erweiterung zu U'schritt 4: Berechnung des Anteils der Militärausgaben am
Staatshaushalt; Auswerten von Bildern (Bedeutung des Militärs für den Staat).

11. Stunde:
Der Absolutismus in Preußen (im Vergleich mit dem französisch

Schwerpunkte/Problemstellungen:
– Die Entwicklung Preußens 1614 – 1796 (Kartenreihe)
– Überschneidungsbereiche und Unterschiede zwischen dem Absolutismus
  in Frankreich und in Preußen

U'formen	U'materialien und U'inhalte

Unterrichtsschritt 1:

Lehrervortrag (Geschichts- erzählung)	Skizzenhafter Bericht über die ersten Regierungsmaß- nahmen Ludwigs XIV. und Friedrich Wilhelms I.: 1661 Kardinal Mazarin gest. – Ludwig (23 Jahre alt) übernimmt die Regierung – Unterstützung durch Minister – absolute Weisungsgebundenheit der Minister. 1713 Friedrich I. gest. – Friedrich Wilhelm König: Finanzminister und Feldmarschall in eigener Person – absolute Weisungsgebundenheit der Minister. Fragen: Das Gemeinsame an den beiden Berichten? – In welchen Bereichen der Politik gibt es wohl Überein- stimmungen? (hypothetisch)

Unterrichtsschritt 2:

Karten aus- werten: U'gespräch/ Stillarbeit	Lehrbuch/Atlas/Folien/Hektographie: Die Entwicklung Brandenburg/Preußens Fragen: Welche Veränderungen anhand der Karten? – Schwierigkeiten/Probleme aus den neuen Erwer- bungen? – Unterschied Preußen – Frankreich hinsicht- lich der geopolitischen Lage? – Vorteile aus dem absolu- tistischen Regierungssystem für den preußischen König?

Unterrichtsmaterialien:

– Lehrbuch/Dias
– Hektographie/Folie
– Karte/Atlas

Notizen	Tafelanschrieb

(Alternative)

	Bevölkerung (in Mio.)	Einnahmen (in Mio. Taler)
Frankreich	20	60
Österreich	13	20
Preußen	2,5	7
Sachsen	1,7	6
Bayern	1	5

U'form	U'materialien und U'inhalte
Statistik auswerten: Stillarbeit/ U'gespräch	<u>Hektographie/Folie/Tafel:</u> Truppenlieferungen an England. Aufgaben: Berechne, wieviel ein Mensch wert war! – Berechne die Verluste! Fragen: Was geschah mit dem Geld? – Welche Auffassung vom Wert eines Menschen liegt zugrunde?
U'gespräch	Vergleich zwischen der Stellung der Fürsten und der der Untertanen; evtl. eine „lettre de cachet".

Keine Hausaufgabe

verhalten kann, daß man auf bestimmte Bedingungen früher anders als in der Gegenwart reagiert hat. Damit verliert das Merkmal der »Beständigkeit«, das innere Ursachen nahelegt, an Gewicht. Bei anderen Menschen verfügt man über entsprechende Informationen im allgemeinen nicht. Möglicherweise hatte man bislang nur in begrenztem Umfang Gelegenheit zur Beobachtung ihres Verhaltens in einer einzigen Situation. – Bei häufigem Kontakt könnte sich zwar diese Bedingung ändern; es besteht aber die Gefahr, daß Anfangseffekte, wie sie auf S. 243 ff. beschrieben worden sind, einer Veränderung der ursprünglich vorgenommenen Zuschreibung innerer Ursachen entgegenwirken.

Der »Fehler« in der Ursachenzuschreibung könnte aber noch aus einer anderen Quelle gespeist werden. Man vergegenwärtige sich noch einmal die Situation des Lehrers, der die Leistungsschwächen seines Schülers zu erklären hat. Könnte er nicht in den Verdacht geraten, als ein wesentlicher Teil der Umwelt des Schülers keineswegs alles getan zu haben, um diesen zu motivieren sowie ihm zu helfen, seine Schwierigkeiten zu überwinden? Eine Bestätigung dieses Verdachts würde eine erhebliche Kritik an der eigenen Persönlichkeit mit sich bringen. Um diese bedrohliche Situation abzuwehren, ist es für ihn schon günstiger, die Leistungsschwäche mit dauerhaften Merkmalen der Schülerpersönlichkeit in Verbindung zu bringen. Sie lassen auch zukünftige Bemühungen des Lehrers als aussichtslos erscheinen und können folglich gleich unterbleiben. Den Verdacht, daß die Ursachenzuschreibung gelegentlich die Funktion hat, bedrohliche Situationen abzuwehren, hat auch Elaine WALSTER geäußert. Ein Ausgangspunkt für diese Vermutung ist die Beobachtung, daß Opfer von Gewaltverbrechen sowie Naturkatastrophen nicht immer jene Anteilnahme bei ihren Mitmenschen finden, die man eigentlich erwarten müßte. Es besteht vielmehr die Neigung, diese Opfer nicht von aller Schuld freizusprechen und davon auszugehen, daß sie ihr Schicksal »wohl schon irgendwie verdient haben«. – Wurde von ihnen denn wirklich alles getan, um der Katastrophe rechtzeitig vorzubeugen? Haben die Betroffenen nicht leichtsinnig und zu gleichgültig gehandelt? Waren sie möglicherweise zu bequem für eine Vorsorge? Was würde passieren, wenn man Fragen der eben genannten Art zu verneinen hätte? – Für die Zeugen des Geschehens entstünde dadurch eine bedrohliche Situation. Sofern man nämlich davon ausgehen muß, daß Menschen völlig unverschuldet in bemitleidenswerte Situationen geraten können, besteht doch die keineswegs geringe Gefahr, daß ein ähnliches Schicksal jeden trifft. Wenn man nun aber die Opfer für ihre Not selbst verantwortlich macht, entschärft man eine mögliche, auf die eigene Person gerichtete Bedrohung: Man wird sich schon nicht so ungeschickt und unverantwortlich verhalten, wie jene in Not geratenen Menschen. Indem man andere für unglückliche Ereignisse verantwortlich macht und nicht situative Bedingungen, entgeht man der bedrohlichen Aussicht, selbst Opfer unerwünschter Geschehnisse zu werden.

Textprobe

Gerd Mietzel
Wege in die Psychologie
295 Seiten, kart., zahlreiche Abbildungen,
Klettbuch 925591.

Die folgende Leseprobe stammt aus dem
Kapitel: Psychologie der Wahrnehmung

Unterschiede in der Selbst- und Fremdbeurteilung

Ein Schüler, dessen Leistungen unzulänglich sind, sucht seinen Lehrer auf, um mit
ihm über sein Problem zu sprechen. Der
Ratsuchende bemüht sich offenkundig, die
Ursachen für seine Schwierigkeiten der
Umwelt zuzuschreiben; er verweist auf
das umfangreiche Stoffangebot und die
Schwierigkeit der Aufgabe. Soweit er innere Ursachen in Anspruch nimmt, handelt es sich nur um vorübergehende Einflüsse; er habe sich nicht gut gefühlt, er
war von Sorgen belastet und von häufiger
Unruhe geplagt. Der Lehrer hört den Ausführungen seines Schüler zu und mag gelegentlich nicken. Hinter seinem Ausdruck
verbergen sich jedoch Zweifel. Er glaubt
nicht, daß widrige Umstände oder vorübergehende innere Zustände mit dem
Leistungsverhalten des Schülers in Verbindung stehen. Er ist vielmehr davon überzeugt, daß überdauernde Merkmale des
Schülers sein Versagen bedingen; er
schreibt ihm nämlich nur eine geringe Begabung zu und geht darüber hinaus davon
aus, daß er sehr faul ist.

Ganz offenkundig stimmen Lehrer und
Schüler in der Erklärung der Leistungsschwäche nicht überein. Nach Auffassung
der Psychologen Edward JONES und Richard NISBETT tun sie jeweils etwas sehr
Typisches. Jeder Mensch hat nämlich, so
stellen sie fest, eine ausgeprägte Neigung,
eigene Handlungen als das Ergebnis von
Umwelteinflüssen zu sehen, während man
hochgradig bereit ist, dasselbe Verhalten
anderer mit inneren, unveränderlichen
Merkmalen zu erklären. Diese Neigung
besteht vor allem bei Verhaltensweisen
mit unerwünschten Wirkungen oder bei
weniger lobenswerten Handlungen; sie
konnte gelegentlich aber auch bei positiven Verhaltensweisen beobachtet werden.
Man verteidigt also z. B. eine Angriffshandlung damit, daß man von den anderen
gereizt worden ist, während das gleiche
Verhalten anderer mit deren angeblicher
Aggressivität in Verbindung gebracht
wird. In dem oben genannten Beispiel sah
der Lehrer in der Faulheit des Schülers die
Ursache für dessen Leistungsschwäche,
während dieser dafür äußere Umstände
verantwortlich machte. Den eigenen Sturz
auf einer Treppe erklärt man gern mit
Glätte der Stufen, oder man bekundet
Zweifel an ihrer angemessenen Konstruktion; anderen, die das gleiche Schicksal
ereilt hat, schreibt man dagegen Ungeschicklichkeit zu.

Wie läßt sich dieser »Fehler« in der Ursachenzuschreibung erklären? Warum neigt
man dazu, Verhaltensweisen anderer auf
innere Bedingungen zurückzuführen, während man eigene Handlungen bevorzugt
als Ergebnis situativer Anregungen sieht?
– Sicherlich spielt dabei der jeweilige Informationsgrad eine Rolle. Von sich selbst
weiß man ziemlich genau, daß man sich in
mehreren Situationen sehr unterschiedlich

Notizen	Tafelanschrieb
(Alternative)	Zwischen 1775 und 1783 erfolgten vor allem folgende Truppenlieferungen an England:

aus Hessen-Kassel: 16992 Mann für 1 223 257 £
aus Braunschweig: 5723 Mann für 172 696 £
aus Hessen-Hanau: 2422 Mann für 173 174 £
aus Waldeck: 1225 Mann für   66 444 £
aus Anhalt-Zerbst: 1160 Mann für   48 285 £

Verluste:
Hessen-Kassel: 6500 Mann
Braunschweig: 3015 Mann
Hessen-Hanau: 981 Mann
Waldeck: 720 Mann
Anhalt-Zerbst: 176 Mann

(Erweiterung)

Der Fürst darf	Der Untertan muß
. . .	. . .
. . .	. . .

Alternativen/Exkurse/Ergänzungen:

Alternative zu U'schritt 1: Über fürstliche Bauten oder fürstliche Städtegründungen aus der Zeit des Absolutismus in der näheren Umgebung berichten.

Erweiterung zu U'schritt 2: Feststellen, zu welchem absolutistischen Staat die Heimatgemeinde im 18. Jahrhundert gehörte. Entfernung bis zur nächsten Grenze im 18. Jahrhundert bestimmen.

Alternative zu U'schritt 3: Literarische Zeugnisse zum Soldatenverkauf (Schiller, Schubart, Seume).

Erweiterung zu U'schritt 3: Vergleich der Art. 1 und 2 des Grundgesetzes mit der Situation der Untertanen im Zeitalter des Absolutismus.

13. Stunde:
Die deutschen Duodezfürsten und der Absolutismus

Schwerpunkte/Problemstellungen:
- Residenzbauten in den deutschen Klein- und Mittelstaaten
- Prachtentfaltung und politische Unbedeutsamkeit
- Soldatenverkauf als Einnahmequelle

U'formen	U'materialien und U'inhalte

Unterrichtsschritt 1:

U'gespräch	Lehrbuch/Dias: Residenzbauten und Residenzstädte in den deutschen Kleinstaaten

Fragen: Genaue Beschreibung der Anlagen – Vergleich mit dem Schloß von Versailles! |

Unterrichtsschritt 2:

Statistik auswerten: Stillarbeit/ U'gespräch	Hektographie/Folie/Tafel: Bevölkerungsgröße und Staatseinnahmen Aufgabe: Berechne das Verhältnis von Bevölkerungszahl und Einnahmen! Ergebnis: Frankreich: 1 : 3 Österreich: 1 : 1,5 Preußen: 1 : 2,6 Sachsen: 1 : 3,5 Bayern: 1 : 5
Karte auswerten: U'gespräch	Karte: Deutschland im 18. Jahrhundert Fragen: Bedeutung von Preußen, Sachsen, Bayern im Deutschen Reich? – Vergleiche mit den deutschen Klein- und Kleinststaaten (ungefähre Zahl feststellen).

Unterrichtsschritt 3:

U'gespräch	Problemfrage: Woher hatten die deutschen Fürsten der Kleinstaaten das Geld für die Prachtbauten? Hypothetische Antworten der Schüler

...Absolutismus) II

Unterrichtsmaterialien:
- Hektographie/Lehrbuch/Quellenheft
- Auszüge aus der Sekundärliteratur
- Grundgesetz der Bundesrepublik Deutschland

Notizen	Tafelanschrieb

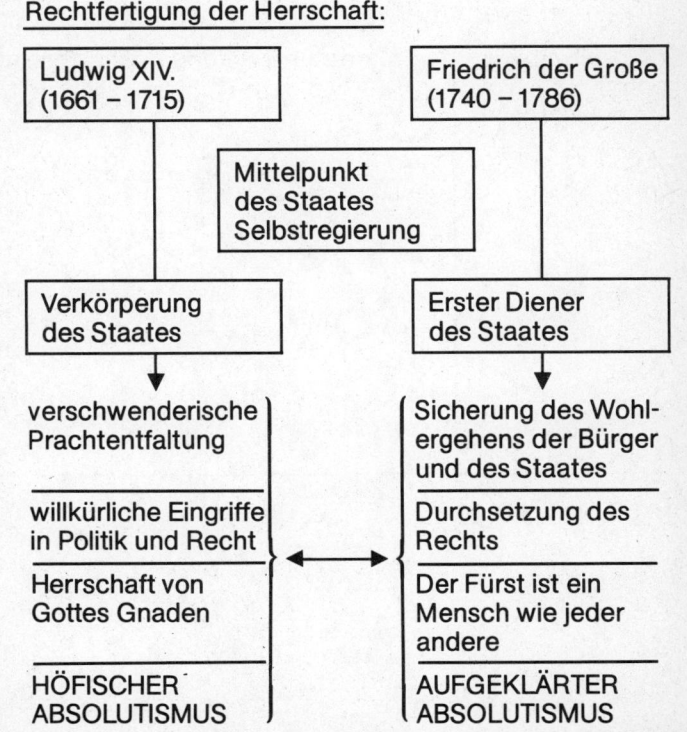

Rechtfertigung der Herrschaft:

Ludwig XIV.
(1661 – 1715)

Friedrich der Große
(1740 – 1786)

Mittelpunkt
des Staates
Selbstregierung

Verkörperung
des Staates

Erster Diener
des Staates

verschwenderische
Prachtentfaltung

Sicherung des Wohl-
ergehens der Bürger
und des Staates

willkürliche Eingriffe
in Politik und Recht

Durchsetzung des
Rechts

Herrschaft von
Gottes Gnaden

Der Fürst ist ein
Mensch wie jeder
andere

HÖFISCHER
ABSOLUTISMUS

AUFGEKLÄRTER
ABSOLUTISMUS

U'formen	U'materialien und U'inhalte

Unterrichtsschritt 3:

Übersicht auswerten: Stillarbeit/ U'gespräch	Hektographie: Innenpolitische Maßnahmen Zuordnen der einzelnen Maßnahmen zu den Bereichen: Wirtschaft, Recht, gesellschaftliche Ordnung, Religion.
	Fragen: Worin besteht Übereinstimmung zwischen der Politik der preußischen Könige und der Ludwigs? – Welche Unterschiede bestehen?

Unterrichtsschritt 4:

Quelle auswerten: Stillarbeit	Lehrbuch/Hektographie/Grundgesetz: Fragen: Warum Kritik Freiherr vom Steins an der Herrschaftsweise Friedrichs II.? – Unterschied zum demokratischen Grundgesetz der Bundesrepublik?

Unterrichtsschritt 5:

U'gespräch oder Gruppenarbeit	Historische Einordnung des Absolutismus

Keine Hausaufgabe

Notizen	Tafelanschrieb

	Gemeinsamkeiten | Unterschiede zwischen höfischem und aufgeklärtem Absolutismus merkantilistische Politik religiöse Toleranz Steigerung der Staats- Unabhängigkeit der einnahmen Richter (in der Theorie) Vergrößerung des allgemeine Schulpflicht Heeres Abschaffung der Folter Selbstregierung des Monarchen
(Alternative)	
(Alternative)	

	Vorabsolutist. Staat	Absolutist. Staat	Moderner Staat (Demokratie)
Staatsgewalt	König **und** Adel	König (und Beamte)	Volk (Regierungsbestellung d. Wahlen)
Staatszweck	Verteidigung der Privilegien von König und Adel Friedenssicherung	Machtentfaltung (Repräsentation und Stärke)	Sicherung der Menschen- und der Grundrechte, Rechtsgleichheit, Sozialstaatlichkeit
Rechtfertigung	gottgewollte, natürliche, ständische Ordnung	Gottesgnadentum, Zweckmäßigkeit, Vernunft	Volkssouveränität

Alternativen/Exkurse/Ergänzungen:

Alternative zu U'schritt 4: Auswertung von Textauszügen aus der Sekundär-literatur.

12. Stunde:
Der Absolutismus in Preußen (im Vergleich mit dem französischε

Schwerpunkte/Problemstellungen:
– Prinzipien des aufgeklärten Absolutismus
– Innenpolitik der preußischen Könige (1713 – 1786)

U'formen	U'materialien und U'inhalte

Unterrichtsschritt 1:

Lehrervortrag	„Politische Testamente" aus der Zeit des Absolutismus: Grundsätze der Politik – Verteidigung getroffener Maßnahmen – Aufschluß über Motive – Friedrich II.: Politische Testamente (1752 – 1768)

Unterrichtsschritt 2:

Quelle auswerten: Stillarbeit	Hektographie/Lehrbuch/Quellenheft: Aufgaben: Zusammenstellen der Leitgedanken – Unterschied zur Politik Ludwigs XIV.? – Was ist an den Leitgedanken absolutistisch?

Notizen	Tafelanschrieb

Saint-Simon (1712):
Der König lebt zu verschwenderisch.
Der Staat ist zugrunde gerichtet.
Die Monarchie in Frankreich ist vom Untergang
bedroht.

stimmt	stimmt nicht	unentschieden

Alternativen/Exkurse/Ergänzungen:
Alternative zu U'schritt 2 – 4: Die Auswertung der Quellen kann auch in arbeits-
teiliger Gruppenarbeit erfolgen.

10. Stunde:
Zur Kritik am französischen Absolutismus

Schwerpunkte/Problemstellungen:
– zeitgenössische Kritik am Absolutismus Ludwigs XIV.
– Überprüfung dieser Kritik

U'formen	U'materialien und U'inhalte

Unterrichtsschritt 1:

U'gespräch	Vorläufige Beurteilung des frz. Absolutismus Fragen: Was gefällt an der Herrschaftsform des Absolutismus? – Was gefällt nicht? – War Ludwig XIV. ein guter König für Frankreich? – Wie verhalten sich Anspruch und Realität zueinander?

Unterrichtsschritt 2:

Lehrervortrag	Kurze Angaben zur Person Fénelons: Erzbischof, Priester am Hof, Autor theol. Schriften, Gegner Bossuets.
Quelle auswerten: Stillarbeit/ U'gespräch	<u>Hektographie/Quellensammlung:</u> Kritik Fénelons Fragen: In welchen Punkten widerspricht Fénelon der Regierung Ludwigs XIV.? – Inwiefern kritisiert er das System des Absolutismus als solches? – Warum ließ Ludwig dieses Buch verbieten?

Unterrichtsschritt 3:

Lehrervortrag	Kurze Angaben zu Vauban: Marschall, Festungsbaumeister, Nachfolger Colberts, Physiokrat
Quelle auswerten: Stillarbeit/ U'gespräch	<u>Hektographie/Quellensammlung:</u> Kritik Vaubans Fragen: Welche Bereiche der Politik Ludwigs XIV. kritisiert Vauban? – Welche Folgen ergäben sich aus der Verwirklichung seiner Pläne? – Warum konnte er sich damit nicht beim König durchsetzen?

Notizen	Tafelanschrieb

Voraussetzungen   **Motive**

Steigerung der Aus-gaben für Heer und Marine	→ ←	Steigerung der wirt-schaftlichen Macht
Modernes Steuer-system	→ ←	Erbanspruch auf Spanien
Ergebnisse des 30-jähr. Krieges	→ ←	Ruhmsucht und Machtanspruch des Königs

(Alternative)

Colbert: „Wenn der König sich die gesamten Vereinigten Provinzen der Niederlande unterwürfe, dann würde als-bald ihr Handel zum Handel der Untertanen seiner Majestät und nichts mehr bliebe zu wünschen übrig."
Vauban: „Der Vater des Krieges ist das Interesse, seine Mutter der Ehrgeiz."

Alternativen/Exkurse/Ergänzungen:

Erweiterung zu U'schritt 3: Problematisierung der Aufwendungen für das französische Heer durch Vergleich mit dem Haushalt der Bundesrepublik Deutschland.

9. Stunde:
Die Außenpolitik Frankreichs zur Zeit Ludwigs XIV.

Schwerpunkte/Problemstellungen:
- expansive Außenpolitik des Absolutismus
- Motive für die französische Außenpolitik
- wachsende Bedeutung des Militärs
- europäisches Gleichgewicht

U'formen	U'materialien und U'inhalte

Unterrichtsschritt 1:

Karten vergleichen: Stillarbeit/ U'gespräch	**Karten:** Europa 1667 und 1715 Fragen: Was fällt beim Vergleich auf? – Beurteilung der Lage Frankreichs 1667 und 1715? Ergebnisse: Österreich erweitert um Spanische Niederlande, Mailand, Sardinien, Neapel – Savoyen erweitert um Sizilien – GB erweitert um Gibraltar, Minorka – Frankreich erweitert um Teile von Elsaß und Lothringen.

Unterrichtsschritt 2:

Zeittafel auswerten: Gruppenarbeit/ U'gespräch	**Hektographie:** Kriege Ludwigs XIV. Arbeitsaufträge: Zusammenstellung der Ereignisse in einem Schema – Ziele der Außenpolitik – Ergebnisse der Friedenschlüsse

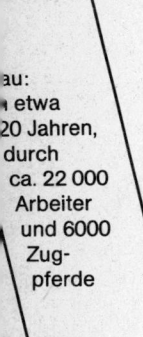

au:
etwa
20 Jahren,
durch
ca. 22 000
Arbeiter
und 6000
Zug-
pferde

Weitere Beobachtungen zum Schloß:
- planvolle Regelmäßigkeit
- Offenheit der Anlage
- barocke Pracht
- ungeheure Ausdehnung von Schloß und Park
- ...

Beobachtungen zum Leben am Hof:
- feierliches Lever des Königs
- aufwendige Feste und Theateraufführungen
- genau festgelegter Tagesablauf
- ...

ung

rstellung
s

Alternativen/Exkurse/Ergänzungen:

zu U'schritt 1: Referate der einzelnen Gruppen und additive Ergebnisfixierung.

6. und 7. Stunde:
Die Selbstdarstellung der absolutistischen Macht (Der Hof Ludwig

Schwerpunkte/Problemstellungen:
– Funktion der Pracht- und Machtentfaltung
– Beurteilung und Kritik der Aufwendungen für Schloß und Hofstaat

U'formen	U'materialien und U'inhalte

Unterrichtsschritt 1:

U'gespräch

Auswerten der Gruppenarbeits-Phase und Systematisier anschriebs (s. Rückseite).

Fragen: Was ist das Besondere am Hof Ludwigs XIV.?
Wodurch unterscheidet sich das Leben in Versa
Welche Wirkungen sollen von Versailles ausgeh
Welche Voraussetzungen müssen erfüllt sein, da

Unterrichtsschritt 2:

Statistik auswerten:
U'gespräch

Lehrbuch/Folie:
Aufwendungen für den Bau von Versailles

Fragen: Worüber geben diese Zahlen Auskunft?
Welche Verbindung läßt sich zum Merkantilismu
Vergleich mit dem Haushalt der Bundesrepublik Deutsch

Unterrichtsschritt 3:

Quelle auswerten:
U'gespräch/
Stillarbeit

Hektographie/Lehrbuch/Quellenheft:
Thesenartige Zusammenfassung im Tafelanschrieb und R

Fragen: Was kritisiert Colbert?
Wie könnte die Antwort Ludwigs aussehen?

tizen	Tafelanschrieb

xkurs)

gesell./polit. Stellung		wirtschaftl. Bedeutung
1.	Adel	3.
2.	Manufakturbesitzer Kaufleute	1.
3.	Bauern Lohnarbeiter	2.

ternativen/Exkurse/Ergänzungen:

weiterung zu U'schritt 2: Steuersystem des absolutistischen Staates
kurs zu U'schritt 3: Kriterien für die Schichtung der Gesellschaft in der
ndesrepublik Deutschland

5. Stunde:
Der Merkantilismus und die absolutistische Gesellschaft

Schwerpunkte/Problemstellungen:
- Manufakturen als Zentrum merkantilistischer Wirtschaftspolitik
- zeitgenössische Urteile über die Feudalgesellschaft
- gesellschaftliche/politische und ökonomische Stellung
  der Bevölkerungsgruppen

U'formen	U'materialien und U'inhalte

Unterrichtsschritt 1:

Besprechung der HA: U'gespräch	Hektographie und Folien: Die Bedeutung der Manufakturen Ergebnisse: 1. alle Maßnahmen zielen auf die Manufakturen 2. Manufakturbesitzer und Krone ziehen Nutzen 3. Adel fehlt; hat mit der neuen Wirtschaft nichts zu tun

Unterrichtsschritt 2:

Quelle auswerten: Stillarbeit	Lehrbuch/Hektographie: Zeitgenössische Urteile über die absolutistische Gesellschaft Fragen: Beurteilung der Stände durch die Autoren – Erklären der Unterschiede

tizen	Tafelanschrieb
	2. Eingreifen des Königs in die Wirtschaft
ernative)	= Merkantilismus ist staatlich gelenkte Wirtschaft
	Vergrößerung der Einnahmen des Staates

ernativen/Exkurse/Ergänzungen:

weiterung U'schritt 1: Umsetzen der Zahlen in Graphiken
urve, Etatkreis; zusätzliche Quelle: Eingabe Colberts an Ludwig, 1666) –
tor. Einordnung anhand einer Zeittafel

ernative U'schritt 3: Colberts Maßnahmen anhand von Quellen oder durch
erarbeiten.

chritt 3 (bei Verwendung der Hektographie) auch als Hausaufgabe möglich.

3. Stunde:
Die Wirtschaftsform des Absolutismus

Schwerpunkte/Problemstellungen:
- Merkantilismus als Handelswirtschaft
- Merkantilismus als staatlich gelenkte Wirtschaft
- Idee und Realisierung (Colberts System)

U'formen	U'materialien und U'inhalte

Unterrichtsschritt 1:

Statistik auswerten: Stillarbeit/ U'gespräch	Hektographie/Folie: Entwicklung der franz. Staatsausgaben Ergebnisse: in 62 Jahren: 38 Mio. Mark in 90 Jahren: 59 Mio. Mark in 16 Jahren: 82 Mio. Mark Fragen: Ursachen für diese Steigerung?
Statistik auswerten: Stillarbeit/ U'gespräch	Hektographie/Folie: Ergebnisse: Defizit von 30 Mio. L. Einnahmen sind zu steigern
U'gespräch	Fragen (Exkurs): Welche Einnahmen hat ein Staat überhaupt? – Wie werden Steuern erarbeitet? – Welche Arten von Güter herstellung gab es im 17. Jahrhundert? – Welche Art konnte leichter erhöht werden?

Unterrichtsschritt 2:

Quelle auswerten: Stillarbeit	Hektographie/Lehrbuch: Ergänzen der Skizze auf Hektographie oder Skizze als TA. Ergebnisse: wenig Geld und viel Waren aus Frkr.; viel Geld und wenig Waren nach Frkr. = Vermehrung des Geldbesitzes in Frkr. (Einführ. d. Begriffe: Export/Import

weiterung)

4. Die einheitliche Kirche wurde in den Dienst der Herrschaft des Königs gestellt.

1. Der König ist von der Mitwirkung des Adels abhängig.
2. Der Adel konnte in seinem Gebiet weitgehend selbständig herrschen.
3. Die Adligen hatten eigene Heere.
4. Die Kirche stand neben dem König.

1. Säule: besoldete BEAMTE
2. Säule: stehendes HEER
3. Säule: einheitliche KIRCHE

ADEL	KÖNIG	KIRCHE
eigener Herrschaftsbereich; eigenes Heer	eigener Herrschaftsbereich; eigenes Heer	eigener Herrschaftsbereich; z.T. eigenes Heer
Untertanen		

ernativen/Exkurse/Ergänzungen:

U'schritt 1: Arbeitsblatt aus der 1. Stunde.
U'schritt 2: Statistik über Heeresvermehrung.
U'schritt 4: Lehrervortrag über die wirtschaftlichen Auswirkungen
der Aufhebung des Edikts.
chritte 5 und 6 auch als Hausaufgabe möglich.

2. Stunde:
Die politischen Grundlagen des absolutistischen Staates (Beisp

Schwerpunkte/Problemstellungen:
– besoldetes kgl. Beamtentum, stehendes Heer,
  Staatskirche in Frankreich unter Ludwig XIV.
– das Neuartige des absolutistischen Staates

U'formen	U'materialien und U'inhalte

Unterrichtsschritt 1:

U'gespräch	Wiederaufnahme des Ergebnisses der 1. Stunde: „König steht über dem Gesetz." Frage: Worauf stützt sich die absolutistische Herrschaf des Königs?

Unterrichtsschritt 2:

Skizze erklären und auswerten: Stillarbeit/ U'gespräch	Hektographie/Folie: Wer entscheidet in Frankreich? Ergebnisse (Eintragen in Hektographie oder Arbeitsheft): 1. König und Kronrat regieren gemeinsam. 2. Der Adel ist weitgehend selbständig. — — — — — — — — — — — — — — 1. König regiert allein. 2. Kgl. Beamte überwachen die Ausführung der Entscheidungen.

Unterrichtsschritt 3:

Lehrervortrag/ U'gespräch	Bericht über Umwandlung des adligen Landsknechtsheeres in das kgl. stehende Heer: stete Bereitschaft in Kasernen – einheitliche Uniformen – vom König besoldete Soldaten und Offiziere – Offiziere auch aus dem Bürgerstand – moderne Bewaffnung, Festungen, Kriegsmarine

tizen	Tafelanschrieb

[Nebentafel:
Im franz. Heer dienten
   1664   45000 Soldaten
   1672 220000 Soldaten
   1688 290000 Soldaten
   1703 400000 Soldaten]

5. Warum braucht der Staat ein so großes Heer?
6. Welche Folgen ergeben sich daraus für den Staat?

Voraussetzungen

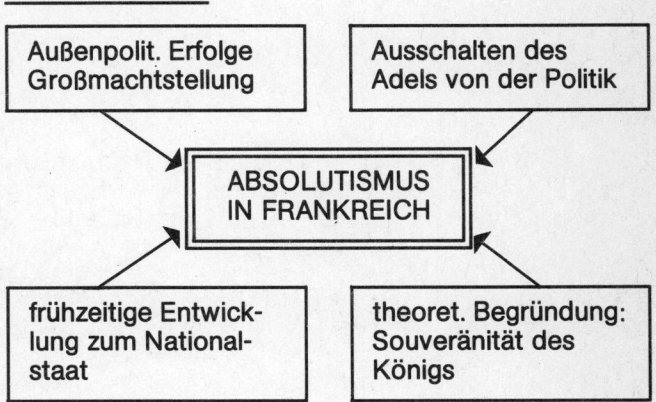

Außenpolit. Erfolge
Großmachtstellung

Ausschalten des
Adels von der Politik

ABSOLUTISMUS
IN FRANKREICH

frühzeitige Entwick-
lung zum National-
staat

theoret. Begründung:
Souveränität des
Königs

ternativen/Exkurse/Ergänzungen:
ernativen U'schritte 2 bis 4: arbeitsteiliges Verfahren oder Thesen-
swertung.
chritt 5 (ganz oder teilweise) auch als Hausaufgabe möglich.

1. Stunde:
Vorstellung des Themas und einiger zentraler Probleme

Schwerpunkte/Problemstellungen:
- zeitliche und inhaltliche Eingrenzung des Absolutismus in Frankreich
- Formulierung von Fragen

U'formen	U'materialien und U'inhalte

Unterrichtsschritt 1:

	Bekanntgabe des Themas der UE
U'gespräch	vorläufige Stellungnahmen der Schüler

Unterrichtsschritt 2:

Geschichts-erzählung	Konkretisierung des Machtanspruchs Ludwigs XIV.: Vorgehen gegen das Parlament von Paris (Funktion der Parlamente-Registrierung – 13. April 1655: Auftritt des Königs – Unterwerfung des Parlaments)
U'gespräch	Fragen: Was ist neu? – Welche Fragen müssen gestellt werden?

Unterrichtsschritt 3:

Quelle auswerten	Hektographie/Lehrbuch/Folie: Privileg für den holländischen Manufakturbesitzer van Robais 1665
U'gespräch	Fragen: Welche Fragen sind zu stellen?

menschen eingeschätzt wird, kann die Beschäftigung mit den demokratischen Grundrechten anhand des Grundgesetzes der Bundesrepublik Deutschland (besonders der Artikel 1 und 2) dienen. Diese Erweiterung erscheint besonders angebracht, wenn die Festschreibung der Menschenrechte in den USA und in Frankreich nicht als nächste Unterrichtseinheit vorgesehen ist. (Vgl. aber zu dieser Methode die Vorbemerkungen zur 11. und 12. Stunde.)

Ziele der Stunde:

Die Schüler erkennen,
daß die Übernahme historischer Erscheinungen ohne innere Notwendigkeit zur Pervertierung derselben führen kann;
daß in der absolutistischen Herrschaftsausübung die Mißachtung der Würde der „Untertanen" strukturell angelegt war.

Verlaufsskizze:

Unterrichtsschritt 1:
Die Stunde beginnt am besten mit dem Betrachten einiger Abbildungen über barocke Residenzbauten und Pläne über absolutistische Stadtgründungen in Deutschland. Dabei sollten die Übereinstimmungen mit dem Schloß von Versailles durch genaue Beschreibung der Anlagen herausgearbeitet werden. Es zeigt sich dabei, daß auch in kleineren Staaten kostspielige und prunkvolle fürstliche Bauten zu finden sind.

Als Alternative bietet sich – wenn rechtzeitig vorbereitet und die örtlichen Gegebenheiten vorhanden sind – die Beschreibung von fürstlichen Bauten in der näheren Umgebung an.

Unterrichtsschritt 2:
Vergleich der Bevölkerungsgröße mit den Einnahmen einiger absolutistischer Staaten anhand einer Statistik (s. Stundenblatt 11)

Die Auswertung der Berechnung des Verhältnisses zwischen Bevölkerung und Staatseinnahmen ergibt, daß den Fürsten der deutschen Mittelstaaten (Sachsen und Bayern) eine größere Pro-Kopf-Einnahme zur Verfügung stand als den Monarchen Frankreichs, Österreichs und Preußens.
Die Analyse einer Karte „Deutschland im 18. Jahrhundert" zeigt, daß Sachsen und Bayern zu den größeren deutschen Staaten gehörten, daß es daneben noch zahllose Klein- und Kleinststaaten gab, die ebenfalls ihre Residenzen mit fürstlichen Prachtbauten hatten.
(Dazu sehr anschaulich: Fragen an die Geschichte 3: Zustände im Fürstentum Anhalt-Bernburg mit Zahlenangaben; S. 51, T. 42.)

Als Ergänzung bietet sich an das Aufsuchen von Residenzbauten anhand einer Karte; z. B. in: Neuer Geschichts- und Kulturatlas, S. 78. Eine Erweiterung des Unterrichtsschritts wäre möglich, indem die Schüler anhand der Karte „Deutschland im 18. Jahrhundert" feststellen, zu welchem absolutistischen Staat ihre Heimatgemeinde im 18. Jahrhundert gehörte und wie groß die Entfernung bis zur Grenze des nächsten Duodezfürstentums war.

Unterrichtsschritt 3:
Die Schüler sollen einige Vermutungen anstellen, woher die deutschen Fürsten die Mittel für den Bau ihrer Schlösser hatten. Je nach den Antworten ist es möglich, die durch die Kleinstaaterei verursachte wirtschaftliche Rückständigkeit Deutschlands und die größere steuerliche Belastung der Untertanen aufzuzeigen. Die Auswertung der Statistik über die Lieferung von Soldaten an England für den Krieg in Nordamerika (nach Karl Biedermann, Deutschland im 18. Jahrhundert, 2. Auflage 1880; s. Stundenblatt 11) zeigt auf, welch große finanzielle Bedeutung der Soldatenverkauf für die deutschen Duodezfürsten hatte und daß diese Einnahmen einen wesentlichen Bestandteil des fürstlichen Budgets ausmachten.

Mögliche Aufgaben zu der Statistik: Die Berechnung des Einzelwertes eines Menschen und des Prozentsatzes der Verluste an Menschen.
(Siehe dazu auch: Vertrag zwischen England und dem Fürsten von Waldeck von 1776, in: Fragen an die Geschichte 3, S. 51, Q 100; und in: die Reise in die Vergangenheit 2, S. 179: Tabelle über Soldatenhandel und Bild: Hessische Landeskinder werden nach Amerika verfrachtet.)

Als Alternative oder Ergänzung zu diesem Unterrichtsschritt bieten sich literarische Zeugnisse über das Thema „Soldatenhandel" an: Szene zwischen dem Kammerdiener und der Lady Milford (II, 2) aus Schillers „Kabale und Liebe" von 1783.
Bei Vorlage dieses Textes als Hektographie sind folgende Fragestellungen möglich: – Wovon ist in dem Text die Rede? – Suche bitte eine Überschrift für die Szene! – Wovon bezahlte der Fürst die kostbaren Diamanten? – Warum wehrten sich die Untertanen nicht?
Als weiterer Text eignet sich die Zeitungsnotiz von Christian Friedrich Daniel Schubart in der „Teutschen Chronik" von 1776: „Hier ist eine Probe der neusten Menschenschatzung! – Der Landgraf von Hessen-Kassel bekommt jährlich 450 000 Taler für seine 12 000 tapfere Hessen, die größtenteils in Amerika ihr Grab finden werden. Der Herzog von Braunschweig erhält 56 000 Taler für 3964 Mann Fußvolk und 360 Mann leichter Reiterei, wovon ohnfehlbar sehr wenige ihr Vaterland sehen werden. Der Erbprinz von Hessen-Kassel gibt ebenfalls ein Regiment Fußvolk ab, um den Preis von 25 000 Taler. 20 000 Hannoveraner sind bekanntlich schon nach Amerika bestimmt und 3000 Mecklenburger für 50 000 Taler auch. Nun sagt man, der Kurfürst von Bayern werde ebenfalls 4000 Mann in englischen Sold geben.

Ein fruchtbarer Text zum Predigen für Patrioten, denen's Herz pocht, wenn Mitbürger das Schicksal der Negersklaven haben und als Schlachtopfer in fremde Welten verschickt werden."
Mögliche Fragen zu dieser Quelle: – Worüber empört sich Schubart? – Womit vergleicht er das Schicksal der nach Amerika verkauften Soldaten? – Warum spricht er von „Mitbürgern" und nicht von „Untertanen"? An wen wendet sich der Text?
Zur Veranschaulichung des Einzelschicksals eines solchen verkauften Soldaten kann der Bericht von Johann Gottfried Seume dienen, der 1781 von hessischen Werbern aufgegriffen und in die an England verkauften Truppen gesteckt wurde. (Seume, Mein Leben, hrsg. v. Werner Kraft, Köln, 1962, S. 115 f.)
Erweiterung: Vorlage der Artikel 1 und 2 des Grundgesetzes der Bundesrepublik Deutschland. Diese Artikel sollen unter dem Aspekt der Wertschätzung und des Schutzes des Individuums mit der Situation der Untertanen im Zeitalter des Absolutismus verglichen werden.

Den Abschluß der Stunde sollte ein Unterrichtsgespräch bilden, in dem die Stellung des Fürsten der Stellung der Untertanen gegenübergestellt wird. Dabei sollte – um den falschen Eindruck zu vermeiden, daß derartige Verhältnisse nur in den deutschen Kleinstaaten vorgeherrscht hätten – das Beispiel der „Lettres de cachet" aus der Zeit Ludwigs XIV. hinzugezogen werden. So kann der strukturelle Charakter der Mißachtung der Menschenwürde im Zeitalter des Absolutismus deutlich herausgearbeitet werden. (Der Wortlaut einer „Lettre de cachet" findet sich in: Albers, Der europäische Absolutismus, S. 14; s. dazu auch: Fragen an die Geschichte 3, S. 21/22, Q 18, T 11, Q 19).